離島の光と影

「シマ」の観光と自殺

波名城翔
hanashiro sho

新評論

まえがき

「離島」という話になったとき、みなさんは何をイメージするのだろうか。きっと、「海がきれい」、「自然がある」、「魚が美味しい」、「時間の流れがゆっくり」、「人がやさしい」などといったロマンにあふれる、ポジティブなイメージをもたれることだろう。そして、それらを求めるために、都会というジャングルから離れて離島に観光旅行をしようと夢を膨らませる人が多いことだろう。

私は、沖縄県宮古島で生まれ育った。ご存じの方も多いと思うが、「東洋一」と言われる与那覇前浜ビーチや、周辺の離島をつなぐ三本の大橋などが有名で、白い砂浜や碧い海、そして宮古島の人たちとの出会いを求めて多くの観光客が一年を通して訪れている。コロナ禍前、もっとも多い年の観光客数は一一四万人を超えていた。また、最近では、テレビ各局が旅行番組などで繰り返し紹介しているほか、芸能人が移住したという話や移住者が店を出したことが話題になるなど、人気の観光地となっている。

現在は琉球大学の教員をしている私だが、以前は宮古島で市役所職員（社会福祉専門職）として勤務していた。その専門は精神障がい者の地域支援である。こんな私が自殺対策に携わったきっかけは、前著『自殺者を減らす！――ゲートキーパーとしての生き方』（新評論、二〇二四年）にも記載したことだが、自殺対策を担当する保健師が産休のため、課長から命じられてその担当になったからである。

「空が広く、海が碧く、人もいい、そんな宮古島で自殺者はいるのか⁉」という質問をよく受けてきた。当時の宮古島の現状を述べると、宮古島市の自殺者数は毎年一〇人から一五人の間で推移していた。また、全国を「一〇〇」としたときの標準化死亡比（二〇〇八年から二〇一二年）は、沖縄県（男性一二五・八、女性九四・七）、宮古島市（男性一四二・〇、女性七七・三）と、全国および沖縄県に比べると女性は低いが、男性は高い状況にあった（波名城［二〇一八］参照）。

私は、宮古島市の自殺予防のため、当時、沖縄県精神保健福祉センターで仲本晴男所長（現：医療法人社団輔仁会 田崎病院）が実施されていた「うつ病者等を対象とした集団認知行動療法」に支援者側として参加するために、三か月間、毎週沖縄本島に通い、その後、自治体単独で初めて認知行動療法教室を開講した。

また、同センターの所長（当時）であった仲本晴男先生から、日本でトップクラスのアルコール対策を行っている「久里浜医療センター」の真栄里仁先生（宮古島出身・現琉球病院副院長）を紹介していただき、宮古島において多量飲酒者を対象とした節酒プログラムも実施してきた。

要するに、宮古島市の自殺予防対策は、両先生のご協力のもと、自殺対策担当課である障がい福祉課長や課内職員などとの連携のもとに実施してきたわけである（波名城［二〇一八］、［二〇一九］参照）。その結果であると思いたいが、実際、宮古島市の自殺者は年々減少していった。

宮古島市職員として勤務した六年目、縁があって、二〇一八年から長崎ウエスレヤン大学（現在の鎮西学院大学）の教員となった。長崎県が島嶼県ということもあり、同大学にはさまざまな離島から学生が入学していたことや、長崎県下の離島にいる市議からの情報提供などもあって、「離島における自殺対策」の必要性を強く感じてしまった時期となる。幸いにも、「日本学術振興会 科学研究費助成事業・若手研究」として「自殺率の高い離島の市における自殺の現状分析と自殺防止に関する研究」が採択されたこともあって、それ以後、「離島の自殺対策に関する研究」に取り組んでいる。

離島市町村は全国に六三あるが、これまでにインタビューやフィールドワークなどで訪れた離島市町村は、北海道の礼文島から南は沖縄県与那国島まで三二市町村で、自殺対策研究以外も含めると四三市町村に上る。

知り合いなどに「離島の自殺対策研究をしている」と伝えると、「離島ってみんな仲良しだから、自殺者はいないでしょ？」という質問を受けることが多い。これまでに数百回と受けているし、多いときには一日に五回も受けてきた。

さて、この質問に対する答えだが、「ノー」である。もちろん、自殺者が少ない離島もあるが、調べてみると、自殺者の多い離島が結構あるのだ。このような質問を受けたと離島の行政担当者に伝えると、ほとんどの人が「実際は多いですよ」と即答されていた。

本土の人々からするとユートピアと思われがちな離島であるが、現実はそうではない。人口減少と高齢化、物理的に逃げられない環境、強すぎる人と人とのつながり、収入の低さによる生活困窮、多量飲酒、精神科医療体制の脆弱さなどといったさまざまな課題が山積しているのだ。そのうえ、本土から自殺するために訪れるといった旅行者（？）もいる。

本書において記していくのは、これらの離島市町村にフィールドワークやインタビューを実施し、筆者が調べてきたことである。

第1章では、離島の概要と役割、離島が抱える課題と国の施策を示すとともに、人口増加のための各自治体の取り組みや観光について説明していく。第2章では、我が国における自殺動向の概要を説明したうえで、離島における自殺動向として、これまで私が行ってきた調査ついて述べていく。

第3章から第7章では、私がフィールドワークや自殺対策のインタビューで訪れた離島市町村について、「観光」と「自殺」の両側面から説明をしながら、かかわっている保健所や市町村の職員から見た自殺対策や市議の考え、民間団体の日々の活動を紹介していく。

そして、終章となる第8章では、フィールドワークおよびインタビュー調査から見た離島の自殺について述べていくことにする。

「観光と自殺」という言葉を聞くと驚かれるかもしれないが、拙著『自殺者を減らす！』で紹介した「青木ヶ原樹海」（山梨県）や「東尋坊」（福井県）、そして「三段壁」（和歌山県）も自殺多発地域であり、有名な観光地であることを忘れてはならない。

本書では、離島の現状や取り組みについて紹介することで、離島が抱えている問題の大変さや、先駆的な取り組みが行われていることを知ってもらいたいと思っている。また、本土から自殺目的で離島に訪れる人には、思いとどまってもらい、心を癒されて本土に戻って「生」を全うしてほしいと心から願っている。

【もくじ】

離島の光と影——「シマ」の観光と自殺をめぐる

波名城 翔

第1章　離島の概要と役割

1　日本は島嶼国

「日本は島嶼国」と呼ばれるほど、多くの島々で構成されている。その数は、なんと一万四一二五島！　つい最近まで六八五二島と言われていたが、国土地理院の調査によって「二倍以上であった」と発表された。新たな島が発見されたということではなく（新しくできた島もあるかもしれないが）、一定条件のもとで数えた結果であるとのことだが、その内容については、二〇二四年二月二八日付のホームページで確認することができるので参照していただきたい。

ちなみに、一番島嶼数が多い県は長崎県（一四七九島）であり、次いで北海道（一四七三島）、鹿児島県（一二五六島）、岩手県（八六一島）、そして私が住んでいる沖縄県が六九一島となっている。

一万四一二五島のうち、本州、北海道、四国、九州、沖縄本島を除いた一万四一二〇島が「離島」と呼ばれている。しかし、すべての離島に人が住んでいるわけではなく、多くが無人島で、人が住んでいる有人島は四一六島である。「無人島」という言葉から映画やテレビドラマの一シーンを思い浮かべる人がいるかもしれないが、日本の最南端となる国境離島である沖ノ鳥島（東京都）も無人島である。要するに、イメージすらできない無人島が日本には数多くあるということだ。

2　離島の役割

内閣府国境離島WEBページ（https://www8.cao.go.jp/ocean/kokkyouritou/yakuwari/yakuwari.html 二〇二四年三月二〇日アクセス）によると、日本の離島は、以下の五つの重要な役割を担っていると記載されている。その内容を引用する形で紹介しておこう。

①**領土・領海の保全**——日本の領海や排他的経済水域の境界線は、多くの離島によって支えられている。これらの離島が存在することで、日本の国土面積の約十二倍もの広大な海域を管轄することが可能になっている。

②**海上交通の安全確保**——船舶が安全に航海するためには、港湾や避難港、灯台などの海上交通安全施設が不可欠である。これらの施設は多くの離島に設置されており、海上交通の安全を支えている。

③**海洋資源の開発・利用**——日本の周辺海域は豊富な水産資源に恵まれており、離島は古くから漁業活動の拠点として重要な役割を果たしてきた。近年では、海洋資源の開発・利用への期待が高まっており、離島は未利用エネルギー開発の拠点としても注目されている。

④**海洋環境の保全**——離島とその周辺海域は、多様な生物の生息・生育の場であり、独自の生態系を形成している。離島の環境保全は、生物多様性保全の観点からも重要である。

⑤**領域警備・安全保障**——海上保安庁や自衛隊の施設が設置されている離島もあり、これらの施設は、日本の領土・領海を守る重要な役割を果たしている。

このように、離島は国家的な意味において重要な役割を担っているわけである。テレビのニュースなどで、南西諸島の与那国島、石垣島、宮古島などの自衛隊基地に関する記事をよく目にすると思うが、これらの基地は領土・領海を守るという重要な役割を担っており、近年は台湾や尖閣諸島をめぐる情勢への対応という側面がある一方で、「止まらぬ軍事化」として島民内で意見が分かれるという問題も生じている。

ニュースなどで離島に関する話題を目にする際、ここに挙げた役割を意識するとより深く理解できると思われるので、ぜひ関心をもっていただきたい。

3　離島が抱えている課題と国の施策

離島が抱えている課題

日本の国益における重要な役割を担っている離島だが、一方では多くの課題を抱えている。もっとも深刻な課題は「**人口減少**」と「**高齢化**」である。国土交通省の資料（www.mlit.go.jp/common/000190753.pdf　二〇二四年三月二〇日アクセス）によると、一九五五年に約九八万人だった離島の人口は、二〇一五年に約三八万人まで減少した。これは、同時期に全国の人口が約四割増加していることからすれば対照的となる。さらに、離島地域の高齢化率は、二〇一五年の時点で比べると、全国平均二六・六パーセントに対して三九パーセントと非常に高く、今後も人口減少と高齢化が加速していくことが予想される。

もちろん、これだけではない。以下に挙げる課題をご覧になれば、おおよその想像ができるのではないだろうか。

たとえば、物価高が挙げられる。離島に行かれた際、自動販売機などを見てほしい。本土の値段より一〇円から三〇円ほど高く設定されているし、とくに人口が少ない離島だとさらに高くなっている。言うまでもなく、本土からの輸送費が値段に上乗せされているからである。

同じように、トイレットペーパーや肉、醤油など本土から移送する必要があるものはすべて高くなっている。国土交通省のデータによれば、離島と本土の価格比がもっとも高いのはミネラルウォーターで、一・五九倍だそうだ。

また、医療体制の脆弱さというのもある。本土に比べると医療機関が少なく、とくに小規模な離島では診療所レベルしかなく（診療所すらないところもある）、医師や看護師などの医療スタッフの確保が容易でないため、重症化すると本土での受診が必要となる。

二〇一九年に発生した新型コロナウイルス感染症（COVID-19）では、一二三島で累計陽性者数は四〇〇〇人超（二〇二〇［令和］三年五月二三日時点：国土交通省資料）が感染し、来島自粛の要請や各種イベントが中止された。ちなみに、私の出身地である宮古島では、二〇二一年に世界最悪級の感染拡大としてニュースになり、陸上自衛隊やＮＰＯ法人ジャパンハートの医療チームが派遣されるなどの騒ぎとなった。

そのほかにも、人口減少による人材不足の問題や情報格差の問題など、離島では多くの課題を抱えている。

国の施策――離島振興法

これらの課題を解決するために国はさまざまな施策を講じてきた。その根幹となるのが、一九五三年に制定された「離島振興法（昭和二八年法律第七二号）」である。

離島振興法は、「離島の振興のための特別の措置を講ずることで無人の離島の増加及び人口の減少の防止や定住の促進、国民経済の発展及び国民の福祉の増進に寄与すること」を目的としている。離島振興のために、内閣府をはじめとして各省庁が施策を実施している。

たとえば、内閣府では、「特定有人国境離島地域社会維持推進交付金」として、離島住民向けの航路・航空路運賃の値下げや、農水産物（生鮮品）の移出にかかわる輸送コストの低廉化、滞在型観光にかかわる経費の支援を実施している。そのほかにも、資源エネルギー庁では、「離島のガソリン流通コスト対策事業」として離島へのガソリンの追加的な輸送コスト相当分を補助する事業、厚生労働省では、「へき地保健医療対策」としてへき地における医療提供体制の確保に必要な経費を補助する事業や社会福祉施設などへの施設整備費の補助金、農林水産省では「甘味資源作物生産支援対策」や「畜産・酪農収益力強化整備等特別対策事業」など、さまざまな支援メニューが実施されている。

また、第二次世界大戦後における本土復帰の関係から、奄美群島・小笠原諸島では「奄美群島振興開発特別措置法」と「小笠原諸島振興開発特別措置法」が、沖縄県では「沖縄振興特別措置法」が施行されている。

しかし、これらの支援メニューが一定の効果を上げているとは思われず、それを上回るほど人口減少や高齢化といった課題の深刻さが続いている。今後、さらに効果的な施策を展開していく必要があるとともに、離島に住んでいる人々が主体的に「島づくり」に取り組んでいくことが重要となる。

4　人口増加のための自治体の取り組み
——離島への移住を促進

人口減少に歯止めをかけるため、離島への移住を促進する取り組みが各地で行われているが、その中心となるのが、各自治体が行っている「離島活性化交付金」などを活用した移住政策である。ここでは、長崎県五島市と沖縄県伊江村を例に挙げて、移住促進のための具体的な取り組みを紹介する。

❶長崎県五島市——多様な移住者支援制度

五島市では、移住希望者向けに特設サイト「五島やけんよか」（https://www.city.goto.nagasaki.jp/iju/index.html）を開設している（**図1－1**参照）。このサイトでは、以下の情報を掲載する形で五島市への移住を積極的にアピールしている。

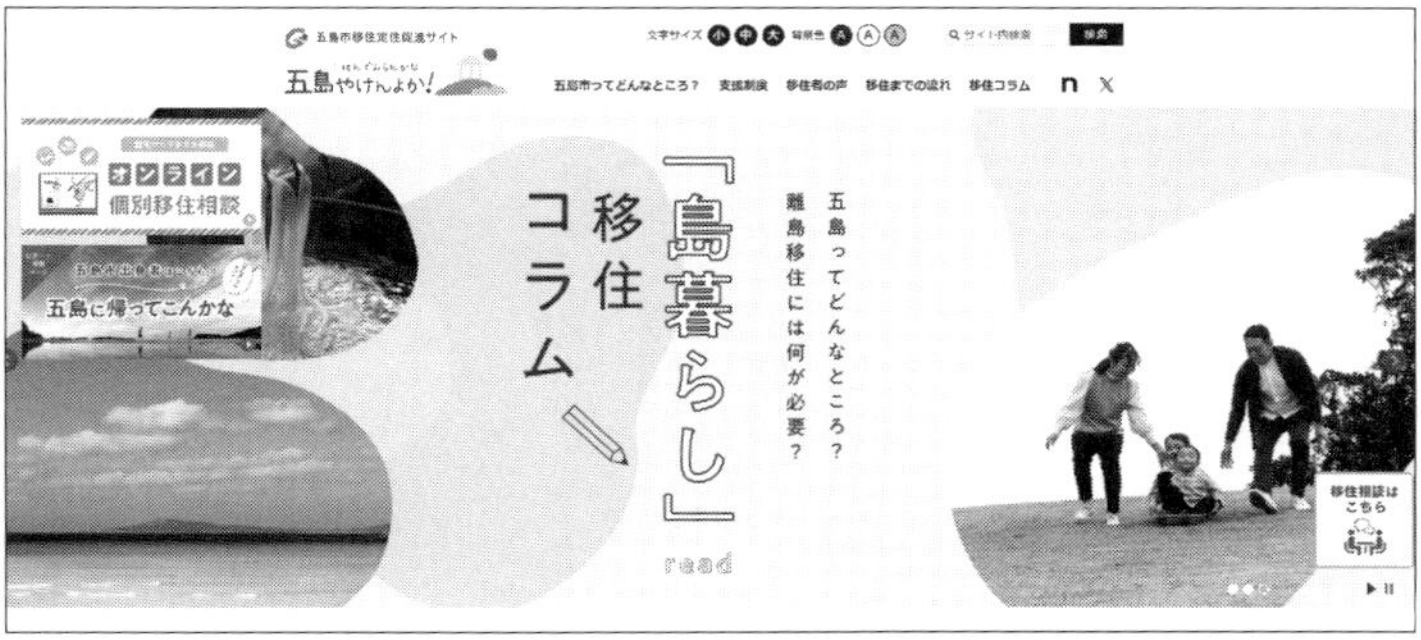

図1－1　五島市移住定住促進サイト

①移住への支援制度の紹介。
②実際に移住し住んでいる人の生の声。
③移住までの手続きの解説。
④五島市の魅力や暮らしに関する情報の発信など。

移住者への支援として、五島市では七種類の補助金・助成金制度が設けられているが、その主な制度は以下のとおりとなっている。奨学金返還助成では、五島市内で就労する三五歳未満の人を対象に、奨学金の返還費用の一部助成（年間上限あり）をしている。また、移住希望者への面接旅費を助成したり、実際に移住する際には引っ越し費用の一部助成、移住者向けの住宅取得支援、そして家賃補助を行っているほか、東京圏から移住した人へは移住支援金を支給するといった具合に手厚い。

❷沖縄県伊江村――最大一〇〇万円＋αの支援金制度

沖縄県伊江村（https://www.iejima.org/）での取り組みを紹介しよう。移住を希望する人々に対して支援する内容は以下のとおりである。

移住に関する疑問や不安を気軽に相談できるオンライン相談会の開催や、移住体験プログラムとして、実際に伊江村での暮らしが体験できるというプログラムがある。また、東京圏（埼玉・千葉・東京・神奈川）から伊江村へ移住すると、最大一〇〇万円が交付される。さらに、一八歳未満の世帯員とともに移住すると、一八歳未満の人に対して、一人につき一〇〇万円が加算されるという大盤振る舞いである。そして、もし移住と同時に起業する場合は、最大二〇〇万円の経費補助を受けられる（つまり、移住と起業を組み合わせれば、数百万円の支援を受けることが可能になる。**図１－２**参照）。

図１－２　伊江村移住支援金（伊江村ホームページ　https://www.iejima.org/）

ここでは五島市と伊江村の支援金制度を紹介したわけだが、そのほかの離島市町村でも移住支援は積極的に行われている。言うまでもなく「離島振興」という側面があるわけだが、それだけ人口減少問題が死活問題になっているということである。

離島留学――豊かな自然と文化のなかで学ぶ

近年注目を集めているのが「離島留学」である。これは、島外の小・中・高校生が、豊かな自然環境や多くの文化・伝統が残る離島で暮らしながら勉強するという制度である。改正された「離島振興法」にも明記されるなど、離島留学は国も注目しており、「子育てに悩む全国の親子」と「人口減に悩む過疎地域」をつなぐサイト「シマ育コミュニティ」(https://shimaiku.ritokei.com/)によると、二〇二四年度には、北は北海道・礼文島から南は沖縄・鳩間島まで、二〇〇校を超える学校が離島留学生を受け入れる予定となっていた(小・中学校約一八〇校、高校約三〇校)。

活性化する地域おこし協力隊

離島だけに特化したものではないが、「地域おこし協力隊」という総務省が推進している制度もある。都市部から過疎地域に移住し、地域活性化に貢献するという制度であり、こちらも近年注目を集めている。その概要を紹介すると以下のようになる。

活動内容として、隊員は地域ブランドや地場産品の開発・販売・PR活動、農林水産業への従事、住民支援などさまざまな地域協力活動を行う。任期は概ね一年から三年となっており、各自治体の委嘱を受け、地域住民の一員として活動する。

この制度は年々利用者が増加しており、二〇二二年度には一一一八自治体で六四四七人の隊員が活躍している。もちろん、隊員が増加することで自治体にもメリットがある。その一例を挙げると、隊員一人当たり四八〇万円の特別交付税措置があるのだ。これが、受け入れ自治体が増加している要因の一つともなっている。

一方、地域おこし協力隊側のメリットとしては、以下のようなことが挙げられる。

一つ目は、過疎地域で貴重な経験を積めることである。実際、都市部から地域おこし協力隊に応募する人が多いわけだが、自分の身近にはない環境と過疎地域が置かれている状況について学ぶとともに、さまざまな経験が積める。

二つ目は、地域の人々と交流することによって新たな人脈が築けることだ。都市部では地域住民同士の関係の稀薄化が進んでいることへの反動か、過疎地において地域の人々と交流することで貴重な体験を得るとともに人脈をつくるという隊員が多い。

離島市町村においても、地域おこし協力隊を受け入れている自治体が多くなっている。たとえば、北海道の奥尻町では、観光振興にかかわる業務に従事する地域おこし協力隊員を募集しているし、愛媛県上島町の募集では、移住定住支援・空き家バンクの運営業務を募集するなど（**図1－3**参照）、各自治体ともさまざまな分野において積極的に受け入れを図っている。

図1－3（チラシ）　上島町島おこし協力隊チラシ

しかし、総務省地域創造アドバイザーの藤井裕也の論文(1)によると、二〇一九(令和元)年度までの同一市町村定住率は、全国の五〇・八パーセントに対して、「外海全域離島」は五七・九パーセント、同じく「内海一部離島」は五七・五パーセントと全国より高くなっているが、「外海一部離島」は四三・八パーセントであり、全国に比べると約一〇パーセント低い(**表1-1**参照)。

この定住率は、三年間の任期を終えた隊員の定住数をもとに算出されているため、途中退任者の数字は含味されていない。そのため、実際の定住率は表よりも少ないと考えられる。藤井は、定住がうまくいかない理由として、「自治体が関係する住民と協議ができていない」、「任期中の時間の使い方や退任後の出口が考えられていない」、「行政ルールの隊員への周知不足」などの理由を挙げており、自治体における協力隊事業と隊員の「出口のあり方」などを検討する必要性を述べている。

表1-1　地域おこし協力隊卒業生の定住状況

自治体類型	卒業生総数(人)	定住者数合計(人)			定住率	
			同一市町村(人)	同一都道府県(人)		同一市町村定住率
外海一部離島	160	86	70	16	53.8%	43.8%
外海全域離島	183	120	106	14	65.6%	57.9%
内海一部離島	113	75	65	10	66.4%	57.5%
内海全域離島	20	12	9	3	60.0%	45.0%
全国	4,848	3,072	2,464	608	63.4%	50.8%

出典：藤井裕也(2022)をもとに筆者作成。

5　離島ブーム――観光客の増加と課題

二〇一三年の離島振興法で「観光の振興」が明記され、本格的な観光政策により全国的に離島ブームが起こっている。テレビ番組や雑誌で特集される機会が増え、知名度も向上している。

学生時代、私は福岡県に住んでいたが、当時、宮古島のことを知らないという友人が多かった。「信号あるの？」とか「買い物はどうしてたの？」と聞かれることもしばしばであった。また、宮古島の出身者がいると聞いて会いに行ったところ、話がかみあわず、よく聞いてみると「福岡県京都郡《みやこぐん》」の出身であった。要するに、宮古島の知名度はこの程度のものでしかなかったというわけだ。

だが、近年、宮古島はトップクラスの観光地となっている。インターネットで調べれば、大手旅行会社から宮古島への旅行パックがたくさん販売されているし、テレビ番組でも「宮古島特集」といった見出しを見る機会が増え、観光客が急増している。

実際、私が宮古島に帰省すると、「宮古島の人よりも観光客のほうが多いんじゃないか」と思うぐらい街中は観光客であふれており、テレビで紹介されたような飲食店では行列となっている。

（1）藤井裕也（二〇二二）「地域おこし協力隊制度を活かした人材の確保・育成を」しま／日本離島センター広報課編67（3）、日本離島センター、二〇二二年、四〇～四七ページ参照。

有名芸能人もよく訪れているようで、一泊何十万円もするホテルがあるなど、ひと昔前とは大きくイメージが変わっている。

もちろん、宮古島だけにかぎったことではない。離島研究を専門としている私は、当然、さまざまな離島を訪れているが、どこの離島も観光客であふれている。そのため、一番困るのが宿泊施設の確保となる。

宮古島や石垣島などといった大規模な離島なら、シーズンさえ外せばある程度探せるが、小規模な離島の場合、そもそも宿泊施設が少ないうえに、大規模離島に飽きた観光客が訪れているためか、すぐに宿泊施設が埋まってしまうという状況になっている。

また、離島全体で見ると、以前は五〇〇〇円程度で泊まれていたホテルが、今では一万円ほどまで宿泊料金が上がっていたり、鉄道コンテナみたいなところに「素泊まり九〇〇〇円」で泊まったこともある。要す

2017年	2018年	2019年	2020年	2021年	2022年	2023年
483,496	537,122	396,962	118,671	–	–	–
235,896	230,548	236,786	140,754	–	–	–
213,731	240,131	252,657	123,703	118,441	166,979	–
276,634	294,869	295,987	289,601	153,202	174,596	–
473,704	529,587	530,349	313,838	331,412	414,798	–
988,343	1,143,031	1,061,323	359,592	435,262	738,990	775,720
1,376,651	1,369,412	1,471,691	644,838	545,831	908,728	1,180,124

五島市ホームページ　令和４年　五島市観光統計　長崎県観光統計
鹿児島県ホームページ　奄美群島観光の動向　統計にしのおもて

るに、物価がかなり上昇しているということだ。それほどの「離島ブーム」だと言える。

二〇二〇年に発生した新型コロナウイルス（COVID-19）の影響を受けて、医療体制が脆弱な多くの離島では、首長が「来訪自粛」のメッセージを発したが、五類に移行したのちは「ウェルカムムード」が島全体にあふれている。

掲載した**表1－2**は、公表されている離島市町村の観光客数の推移である。なお、奄美大島については市町村別の公表となっていないため、奄美市、龍郷町、瀬戸内町、宇検村、大和村の合計とした。また、種子島は、資料に市町村の内訳が示されていないが、西之表市、中種子町《なかたねちょう》、南種子町の合計だと思われる。

長崎県対馬市は、韓国からのインバウンド効果もあり、コロナ禍以前は五〇万人以上の観光客となっていたが、コロナ禍以後は韓国人の訪日旅行が控えられた

表1－2　離島の観光客数の推移

	人口（人）	2013年	2014年	2015年	2016年
対馬市（長崎県）	28,502	–	–	537,548	553,486
壱岐市（長崎県）	24,948	359,802	345,013	362,590	350,742
五島市（長崎県）	34,391	198,444	203,765	211,316	206,555
種子島（鹿児島県）	24,087	279,243	275,444	276,045	276,950
奄美大島（鹿児島県）	58,738	370,360	393,654	422,527	431,740
宮古島市（沖縄県）	47,637	400,391	43,055	513,601	703,055
石垣市（沖縄県）	52,931	937,024	1,116,313	1,106,320	1,239,224

（出典）宮古島ホームページ　宮古島市の入域観光客数推計値（H25 ～ R5）
石垣市ホームページ　入域観光客推計

ほか、緊急事態宣言を受けて観光客が激減している。

ほかの市町村に比べると、宮古島市と石垣市の観光客数は格段に多くなっている。とくに石垣市は、もっとも多い時期には一五〇万人近くが訪れており、コロナ禍においても五〇万人から六〇万人近くが訪れていた。

全体的に見ると、二〇一三年からコロナ禍までは観光客は増加しており、新型コロナの蔓延時は全自治体とも減少しているが、二〇二三年の統計が公表されている宮古島市、石垣市の状況を見ると、今後も観光客数は増加していくと考えられる。

本章では、我が国における離島の役割について述べたうえで、離島を存続させるための施策について説明してきた。

「こんなに施策を講じても、なぜ離島の人口は減少していくのか？」

これは、本土に在住している人からよく受ける質問であるが、離島出身者からすれば答えはすぐに出る。人口減少の一番の問題は「島立ち」である。就職先が十分にないことや大学などの高等教育機関がないため、中学校や高等学校を卒業後、進学や就職を求めて多くの若者が島を出ていく現象のことである。

多くのメディアでは「島立ちの春」として美談のように書かれたり、報道されているが、多くの若者が島を出ていくという現状は、自治体からすると危機的な状況となる。もちろん、私も島を出た一人であるが、同一学年だけを見ても、宮古島全体で八〇〇人近くがいたと思う。要するに、毎年、八〇〇人の若者が一斉に島を離れていくのだ（島に残る者もいるが少数である）。人口が増加するためには、八〇〇人以上の移住者を受け入れる必要がある。しかも、毎年である。もちろん、出生数や死亡数も影響してくるが、「島立ち」での人口減というインパクトは大きい。

また、若者が出ていくわけだから必然的に平均年齢が上がることになる。宮古島や石垣島などといった五万人以上が暮らし、かつ人気のある離島ならまだいいが、小規模離島や人気のない離島であれば、人がいなくなり、消滅していくという未来の姿が目に浮かんでくる。

最近は、自衛隊が配備されるという離島が多いため、国家施策の一環として人口が増加しているところもあるが、定期的な異動で住人がすぐに入れ替わるため、本来の意味での「島民」になるのは難しいだろう。そのため、移住政策や離島留学、地域おこし協力隊を通じた移住者支援、また観光における産業としての位置づけなど、さまざま取り組みが行われているわけである。

このように、ある意味においては人・モノ・金が投じられている離島ではあるが、問題となるのは人口だけではない。次章からは、本書がテーマとしている「自殺」という視点から離島を見ていくことにする。

第2章　離島における自殺

1　日本における自殺の概要

自殺者の推移と国の取り組み

　離島の自殺について説明する前に、日本ではどのくらいの自殺者がいるのか見ていきたい。次ページに掲載した**図2－1**は、我が国の自殺者の推移である。日本では、一九八二年以前の自殺者は二万九六人であったが、一九八三年に自殺者が約四〇〇〇人増加して二万四九八五人となり、一九八六年には二万五〇〇〇人を超えている。その背景には一九八五年のプラザ合意による円高不況という経済的要因があり、中高年の自殺が増えたと言われている。その後、一九八六年以降は減少し、一九九一年には一万九八七五人となった。

　このまま減少していくかと思われた自殺者数だが、翌年以降少しずつ増加し、一九九八年には、前年から八〇〇〇人以上も増えて三万人を突破した。男女別に見ると、男性は六四〇〇人、女性は一八〇〇人以上増加している。この年代の自殺者増の背景には、バブル崩壊後の長引く不況が背景にあると言われており、二〇一〇年頃までは三万人前後で推移することになった。

自殺者が増加する背景をふまえて、国は自殺者数減少に向けてさまざまな施策を実行してきた。具体的には、二〇〇〇年の「二一世紀における国民健康づくり運動(健康日本21)」において、二〇二一年までに自殺者数を二万二〇〇〇人以下にするという目標が示された。また、二〇〇六年には「自殺対策基本法(平成一八年法第八五号)」が制定され、翌年には政府の推進すべき自殺対策の指針として「自殺総合対策大綱」が策定された。そして、二〇〇九年

図2-1　自殺者数の推移(人口動態統計)

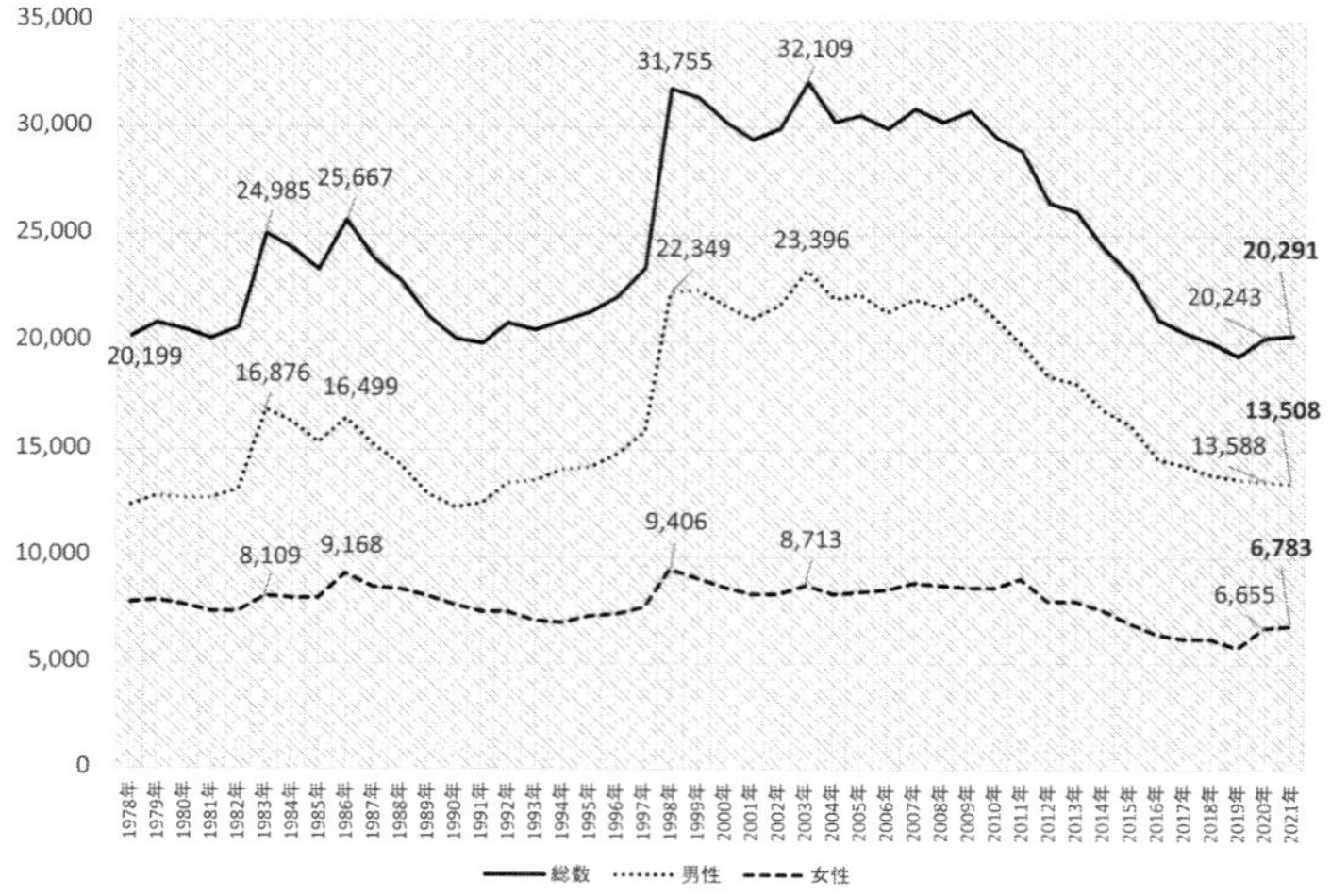

出典:厚生労働省[2023]「令和5年版自殺対策白書」をもとに筆者作成。

度の補正予算では、自殺対策の予算として一〇〇億円を計上し、都道府県に当面三年間の対策にかかわる「地域自殺対策強化基金」を造成している。

国を挙げてのさまざまな取り組みが行われた結果であると思いたいが、自殺者数は年々減少を続け、二〇一九年には、一九九一年以来となる一万人台まで減少した。

新型コロナウイルス感染症（COVID-19）の影響

このまま減少するかと思われた自殺者数だが、二〇一九年に発生し、二〇二〇年に世界中に感染が広がった新型コロナウイルス感染症（COVID-19）によって二〇二〇年の自殺者は増加し、二万二四三人となった。ここで特筆したいのは、増加しているのは女性の自殺者であるということだ。

コロナ禍における自殺者数だが、初期（二〇二〇年四月から六月）には自殺者数が減少し、二〇二〇年七月から一一月には増加している。コロナ禍における自殺を分析した本橋豊は、コロナ禍初期については、社会的不安（collective anxiety）の増大によって自殺者数が減少する「社会的不安増大仮説」を提示している。[1]

（1）本橋豊、木津喜雅、吉野さやか「ＷＨＯの自殺予防戦略」『精神医学』医学書院、二〇二一年、一〇三三〜一〇四〇ページ参照。

また、二〇二〇年七月から一一月については、非正規雇用の職員・従業員数の失職に代表される雇用環境の悪化、社会的接触制限（外出自粛や在宅勤務などの推進）によるメンタルヘルスへの影響、コロナ禍の遷延《せんえん》による自殺リスクの増加、家庭内暴力などの増加、有名人の自殺報道によるウェルテル効果[(2)]、政府の支援策の穏和効果などの要因が寄与していると述べている。

そのなかでも、非正規雇用の職員・従業員数について、四月から七月の女性の減少数は一〇〇万人を超えていたが、男性の減少数は少なく、女性の非正規雇用の職員・従業員がコロナ禍における雇用環境悪化の影響を強く受けた、と本橋は論文で述べている[(3)]。

2　離島における自殺

第1章で「有人島は四一六島ある」と述べたが、自殺のデータは市町村ごとでの公表となるため、離島が属する市町村の数で把握することになる。具体的に説明すると、離島である宮古島市での自殺者数が計上されていても宮古島本島での自殺とはかぎらず、池間島、来間島、伊良部島などの可能性もあるということだ。さらに、離島での自殺というくくりで見ると（把握するという観点では意味があると思われる）、一番問題となるのは、本土の市町村と一体となっている離島である。

数年前、大学院の先輩に連れられて福岡県の離島に行ったとき、担当者に尋ねてみると、「本土の市の一部となっているため、把握（分離して計上）することが難しい」と言われたことがある。その離島にはある程度の人口がいたが、市町村合併によって、その島の自殺者数の把握が困難となった。

とくに、「平成の大合併」（一九九九年〜二〇一〇年）においては、多くの離島が合併を進めていった。ある研究者の動向分析によれば、一九九八年前には一三二市町村であった離島の市町村が、二〇〇九年には現在の六三市町村になっている。[4]前述した本土の市町村の一部になった離島（論文では属島化型）は二六自治体もあり、とくに、都道府県の中心市である長崎市や姫路市などと合併した離島の情報を把握することが非常に困難となっている。

以上のような背景から、橋などで本土とつながっていない離島市町村というくくりで分類すると、日本には六三の離島市町村（八市三一町二四村）があることになる。

(2) マスメディアの報道に影響されて自殺が増える事象を指し、社会学者ディヴィッド・フィリップス（David P. Phillips）により命名された。「令和五年版自殺対策白書」のコラムでは、二〇二二（令和四）年五月一一日に発生した著名男性タレントの自殺報道について分析を行った結果、自殺発生日から約二〜三週間にわたって持続的に超過自殺が発生しており、ウェルテル効果の可能性があることが示唆されたと述べ、メディア関係者への報道に関する認識を高めてもらう必要があると述べている。

(3) 本橋豊、「コロナ禍における自殺の増加」、「臨床精神医学」50（6）アークメディア、二〇二一年、五五三〜五六〇ページ参照。

(4) 南博・吉岡慎一（二〇一〇）離島市町村の「平成の大合併」を巡る動向分析」『島嶼研究』（10）、日本島嶼学会、一一三〜一二八ページ参照。

離島市町村における自殺者数の推移

離島市町村の自殺者数の推移を**図２－２**に示した。警察庁統計については、厚生労働省において公表されている「地域における自殺の基礎資料」[5]がある。これ以外にも、自殺者数の統計データはいくつかあるが（後述する）、ここでは警視庁統計（居住地）を集計したデータを示す。

まず、総数を見ていきたい。二〇〇九年以降のデータしか公表されていないが、二〇〇九年がもっとも多かった。二〇一一年には一九〇人台、二〇一二年には一三〇人台となり、自殺者が大きく減少している。その後、年によって少し増減があるものの着実に減少していき、二〇一九年には一〇三人まで減少した。

図２－２　離島市町村（六三市町村）の自殺者の推移（居住地ベース）

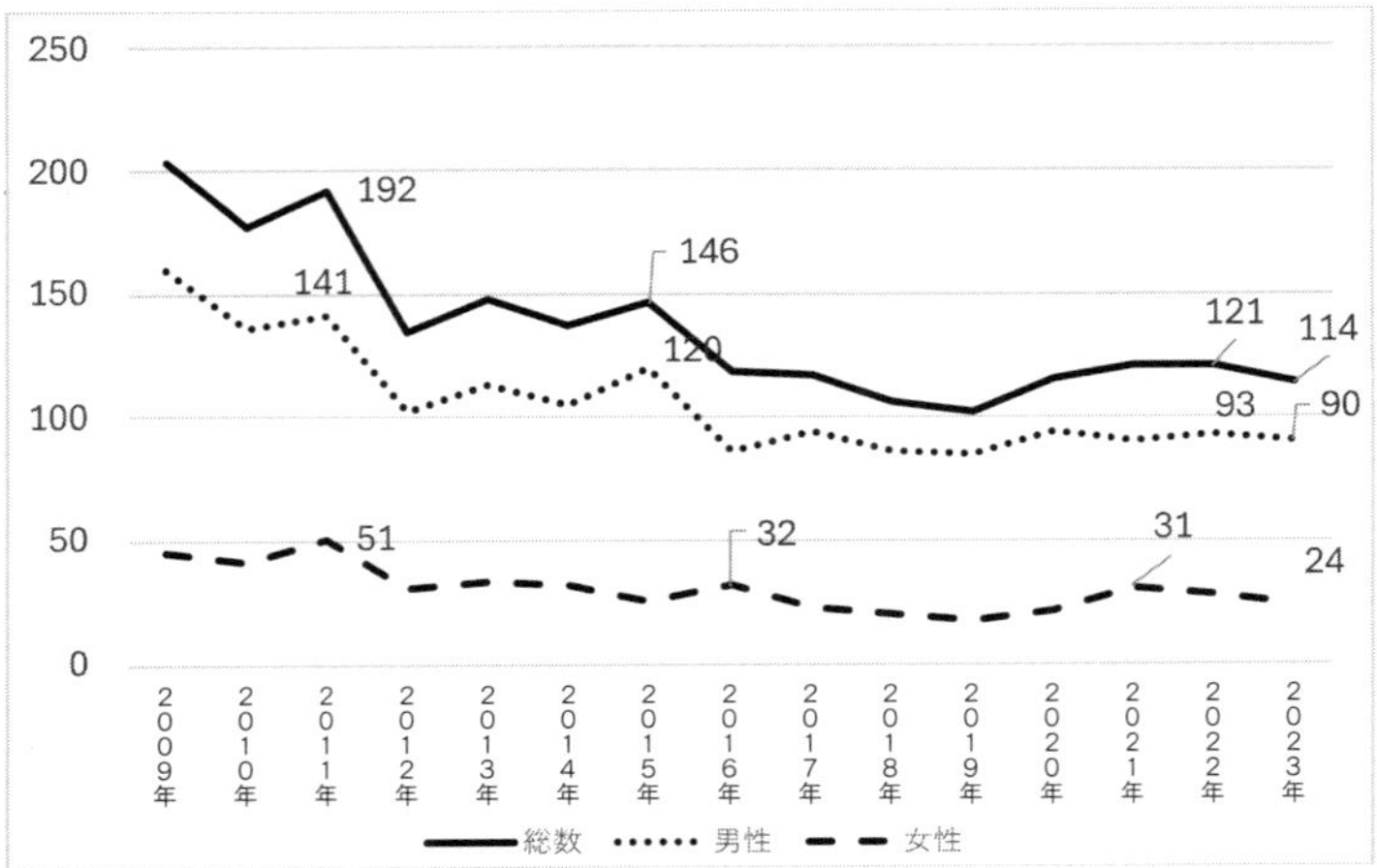

出典：厚生労働省：地域における自殺の基礎資料をもとに筆者作成。

しかし、コロナ禍となった二〇二〇年以降は、全国と同じく（**図2－1** 自殺者の推移［人口動態統計］参照）増加傾向にあり、直近の公表データとなる二〇二二年は一二〇人台まで増加している。

次は、男女別に見ていくことにする。まず、男性の自殺者の推移について見ていく。離島市町村においても、全国と同じく女性に比べて男性の自殺者が多い。年別では、二〇〇九年がもっとも多く、二〇一二年には前年よりも大きく減少し、二〇一六年には一〇〇人を切っている。しかし、全国統計では二〇二〇年以降も男性の自殺者が減少しているのに比べて、離島では男性の自殺者が増加していることが注目に値する。

次は、女性の自殺者数の推移を見ていく。離島の市町村も、男性に比べて女性の自殺者が少ないのは共通している。年別では、総数、男性とも二〇〇九年がもっとも多かったが、女性は二〇一一年がもっとも多く五〇人台である。その後、二〇一二年には減少し、二〇一九年に一〇人台まで減少しているが、二〇二〇年以降の自殺者は増加傾向にある。

そして、二〇二三年には総数、男性、女性とも減少しているが、それが今後続くのかどうかは今の段階では予測できていない。

（5）https://www.mhlw.go.jp/stf/seisakunitsuite/bunya/0000140901.html　最終アクセス二〇二四年三月三〇日。

自殺の詳細

自殺の詳細について述べていきたい。厚生労働省が公表している「地域における自殺の基礎資料」では、各市町村の自殺の詳細が示されており、その資料をベースに離島市町村を抽出して集計を行った。

表2－1として、男女別・年代別の自殺者数を示した。男性は中高年の自殺者が多い一方で、女性は男性よりも高齢者の自殺が多い。離島市町村で特徴的なのは「20歳未満」が少ないことである。これは、第1章で説明したように、「島立ち」で多くの若者が島を離れるために絶対数が少ないからと推測しているが、現時点でははっきりとした研究がないので調査中である。

次に、同居人の有無について説明しておこう。ひょっとすると、孤立や孤独というイメージから独身者が多いと思われるかもしれないが、「同居人なし」は男性四六九人、女性一〇五人に対し、「同居人あり」は男性一〇三二人、女性三二九人であり、男女とも「同居人あり」がもっとも多くなっている。

次は職業分類についてだが、自殺統計原票の見直しによって二〇二〇

表2－1　年代別（居住地ベース）

	20歳未満	20-29	30-39	40-49	50-59	60-69	70-79	80歳以上
男性	21	92	241	241	322	282	199	199
女性	3	13	45	45	68	84	81	85
合計	24	105	286	286	390	366	280	284

出典：厚生労働省：地域における自殺の基礎資料をもとに筆者作成。

年から集計表に変更があったため、ここでは二〇二〇年の集計表に合わせる形で集計を行った。「男性」でもっとも多いのは「有職者」で三〇五人、次いで「年金・雇用保険等生活者」が一六八人、「その他の無職者」が一一八人と続く。一方「女性」は、もっとも多いのが「年金・雇用保険等生活者」で五二人、次いで「その他の無職者」が五〇人、「主婦」が三六人となっており、男女間において職業分類の差があると考えられる。

いったい、どのような場所で自殺しているのだろうか。もっとも多い自殺場所は「自宅等」で、「合計」四五一人（五五・六パーセント）、「男性」三五八人（五五・五パーセント）、「女性」九三人（五六・三パーセント）と圧倒的に多い。「自宅等」以外では、「男性」は「その他」を除いて「山」が四八人（七・四パーセント）、「海（湖）・河川等」四一人（六・三パーセント）、「乗り物」三四人（五・二パーセント）と続き、女性は「その他」を除くと「海（湖）・河川等」が二三人（一三・九パーセント）と多かった。逆に、高層ビルは男性、女性とも少ない（男性五人、女性四人）。言うまでもなく、離島には高層ビルが少ないため、「海（湖）・河川等」や「山」などでの自殺が多くなっている。

次は、自殺する際の手段である。もっとも多い自殺手段は「首つり」である。「合計」六一四人（七五・八パーセント）、「男性」五一五人（七九・八パーセント）、「女性」九九人（六〇パーセント）と圧倒的な数字となっている。次いで「その他」が多くなっているが、その詳細は不明である。

「その他」を除けば、「男性」は「飛び降り」二七人（四・一パーセント）、「練炭等」二七人（四・一パーセント）、「女性」は「飛び降り」一七（二〇・三パーセント）、「服毒」一五人（九パーセント）と続いている。

自殺場所とあわせて考えると、「自宅等」での「首つり」や「服毒」、「山」などでの「首つり」、「練炭等」、「服毒」、「海（湖）・河川等」での「飛び降り」などが考えられる。

次に、自殺の原因・動機別を見ていこう。自殺の原因・動機にかかわる集計については、家族の証言などから考えられるものを四つまで計上可能としているため、原因・動機特定者数が一致しない点に注意が必要となる。

もっとも多いのは健康問題で、「合計」三五五人（三五・六パーセント）、「男性」二五七人（三一・九パーセント）、「女性」九八人（五一パーセント）である。男女別に見ていくと、男女ともに「不詳」が多く、それを除けば、「男性」は「経済・生活問題」一一八人（一四パーセント）、「勤務問題」四八人（五・九パーセント）と続くが、「女性」のほうは「家庭問題」が一七人（八・八パーセント）と次いで多くなっており、男女の役割の違いが考えられるようだ。

最後に、自殺未遂歴の有無について見ていきたい。自殺未遂歴については、もしかすると精神科医療などへつながっている（つまり、未遂歴などがある）というイメージが強いかもしれないが、「未遂歴あり」は「合計」一五一人（一八・九パーセント）、「男性」一〇四人（一六・一パーセント)、「女性」四八人(三〇パーセント)でしかなく、実際は未遂歴もなく自殺してしまうというケースがもっとも多くなっている。

ここでは、自殺に関係する詳細について説明してきたわけだが、男女で自殺の傾向が違うことを鑑みると、男女別の自殺予防対策が必要であると考えられる。また、職業や場所、手段、原因・動機、自殺未遂歴については公表されていない市町村が多いため、正確な把握ができないことに留意する必要がある。

市町村における自殺とは

市町村における自殺数の考え方はいつくかある。一つ目は、前述した「居住地」としての自殺である。市町村内での自殺の考え方としては捉えやすく、対策も立てやすい。二つ目は「発見地」としての自殺である。これは、市町村外者の市町村内での自殺である。

「自殺多発地域」と言われている地域には、全国から自殺場所を求めて自殺者が集まってくる。私は以前、自殺多発地域をめぐり、自殺防止に携わっている方々にインタビューを行ったが(拙著『自殺者を減らす!——ゲートキーパーとしての生き方』新評論、二〇二四年参照)、各地域には、北海道から沖縄まで全国各地から自殺志願者が訪れているという。

同じような現象は、自殺多発地域ほど多くないにしても離島市町村でも見られる。先日、沖縄のある小さな島へ訪れた際、ある住民が「ここで、数年前に本土の人が自殺したんだ。キレイなところで死にたいと言っていたようで、こちらとしてはホント迷惑な話だ」と話していた。

今回利用した厚生労働省の「地域における自殺の基礎資料」では、「居住地」と「発見地」ベースで公表されており、そのデータを集計すると、総計では「居住地」一九四〇人対して「発見地」は一九三四人と、「居住地」のほうが六人多かった。男女別では、「男性」、「女性」とも「居住地」が「発見地」よりも三人多かった。

この六人という数字だが、単純に島外からの自殺者とは言えない。島内の住民が島外で自殺することも考えられるので、数字だけでは実態が見えてこないのだ。両方のデータを一人ずつ突合《とつごう》できればいいのだが、公表されているのは集計データだけなので私たちが知ることは難しい。

そして、三つ目が、住所地をもとにした自殺である。市町村に住民票のある住民が自殺した場合に計上されることになるわけだが、どこで亡くなっても、その住所地のある市町村にカウントされることになる。

たとえば、私の住所地である那覇市で自殺をしても、北海道で自殺をしても、那覇市の自殺者数としてカウントされるということである。これは、前述した「地域における自殺の基礎資料」ではなく、「人口動態統計」でしか公表されていないため、一般的には入手が不可能となっている。

つまり、「市町村の自殺」といっても、その市町村内の居住者なのか、市町村外からの自殺者も含めるのか、それとも住所地がある者だけなのかによって捉え方が大きく違ってくるため、自殺対策もかなり変えていく必要がある。

離島市町村の市町村外での自殺者数

市町村外からの自殺者の数字についいては確かに特定するのは難しいわけだが、三点目の「人口動態統計」をもとにして、住民が住所地以外の市町村でどれだけ亡くなっているのかについて示していきたい。

示すデータは二〇一八年までのものであるが、私が日本学術振興会 科学研究費助成事業・若手研究に採択されている「自殺率の高い離島の市における自殺の現状分析と自殺防止に関する研究」として公表した論文のデータである[(6)]。

人口動態統計では、二〇〇八年から二〇一八年までに一五八七人が自殺しており、そのうち市町村外の自殺者は一四六人で、全体の九・一パーセントを占めている。年代別では、六〇代がもっとも多く二六人、次いで四〇代、五〇代が二五人ずつとなっているが、「警察庁統計」ではあ

(6) 波名城翔、「離島自治体における自治体外自殺者の特徴」、「島嶼地域科学」(3)、二〇二二年、九五〜一〇七ページ。

まり見られなかった二〇代の自殺者が一九人と多くなっている。

それでは、市町村外での自殺者がどのような市町村で亡くなっているのか、市町村規模別に見ていくと、人口一〇〇〇〇人以下の市町村では市町村内の自殺者は二人だが、市町村外自殺者は一五人と、自殺者の多くが市町村外となっている。そして、市町村の人口規模が小さくなるほど、市町村外自殺者の割合が高くなっていた。

次に自殺先の市町村の規模を見ると、人口一〇〇〇〇人以下の市町村では「同都道府県内市」であるが、人口一〇〇〇〇人以上五〇〇〇〇人未満の市町村では「同都道府県内離島市」がもっとも多く、人口一万人以上だと「同都道府県内市」がもっとも多くなっていた。本土とのアクセスという関係もあるが、基本的には、現在住んでいる市町村以上の規模のところで自殺していると考えられる。

この結果からすると、離島の自殺志願者は、目的を達成するためにほかの市町村に行っているということになるわけだが、自殺先を見ると、もっとも多いのは「家（庭）」の七七人で、全体の五二・七パーセントを占めている。つまり、市町村外での自殺であるにもかかわらず、自殺先は「家（庭）」なのだ。これが意味することは、住民票を市町村に置いたまま別の市町村で生活しているということであり、具体的には「出稼ぎ」や「進学先」などが考えられる。とはいえ、「学校施設及び公共の地域」、「商業施設及びサービス施設」などもあることから、自殺するためにほかの市町村へ移動したという可能性も考えられる。

本章では、全国の統計をふまえたうえで離島における自殺の現状について説明してきた。離島においても、コロナ禍の影響で自殺者が増加していること、男女で自殺者の状況などが違うこと、そして市町村内での自殺だけでなく、市町村外での自殺、市町村外からの自殺などのようにさまざまなパターンがあるなかで、どのような人を対象にして自殺予防対策を立てればいいのだろうか。とくに、離島というかぎられたコミュニティのなかで自殺予防対策をどのように立てていけばいいのか、非常に難しい状況となっている。

次章以降では、離島市町村における自殺予防への意識や対策について、私自身が行ったフィールドワークで感じたことや、保健所や市町村職員や議員、民間で取り組む方々や住民などにインタビュー調査を行った結果について述べていくことにする。

なお、その際には、観光名所などの紹介もしていくことにする。各離島に住んでいる人たちは、役場と民間が一体となって観光業にも取り組んでいる。言うまでもなく、生活の糧を得るためである。その、同じ人たちが自殺対策にも取り組んでいるのだ。所属する部署によってそれぞれ役割が定められているとはいえ、大都市のように「他人事」にはなっていないのだ。地域コミュニティを守るために尽力している人たちの様子を知っていただきたい。

第3章　新潟県佐渡島

1　佐渡島の歴史

佐渡市の公式観光情報サイトとして「さど観光ナビ」というものがある。まずは、このサイトに掲載されている文章を引用する形で佐渡島の歴史を紹介していこう。なお、一部改変していることをお断りしておく。

佐渡島は新潟県の日本海に浮かぶ島で、豊かな自然と古い歴史をもっている。佐渡島には一万年前から人が住んでいたことが、遺跡の出土品から分かっている。日本最古の歴史書である『古事記』の「国生み神話」には「大八島国」（淡路島・四国・隠岐島・九州・壱岐島・対馬・佐渡島・本州）の七番目として登場しているし、『日本書紀』の諸伝では、「億岐州」と「佐度州」が双子の島として五番目に登場している。どうやら、島根県の隠岐の島との関係が深そうだ。

すでに奈良時代には一国とされ、流刑地に定められた佐渡島には、かつて多くの貴族や知識人が流されてきた。七二二年、第四四代元正《げんしょう》天皇（六八〇～七四八）を批判して失脚した万葉歌人の穂積朝臣老《ほづみのあさみおゆ》（?～七四九）をはじめとして、一二二一年には、承久の乱で敗れた順徳上皇（一一九七～一二四二）、一二七一年に鎌倉幕府や他教を批判した日蓮聖人（一二二二～一二八二）、一四三四年には第六代将軍足利義教《よしのり》（一三九四～一四四一）の怒りを買った能楽の大成者である世阿弥（一三六三～一四四三）など、中世までは政争に敗れた貴族や知識人の流刑地であった。

平安時代後期に編まれた『今昔物語集』にも記録されているとおり、昔から金が採れる島として知られていた佐渡島は、江戸時代に入ると徳川家康（一五四三～一六一六）が幕府直轄（天領）として本格的に金銀山開発を進め、採掘された金や銀が江戸幕府の財政を支えてきた。

また、森林や農地が大切にされた佐渡島は、「国際保護島」に指定されているトキが最後まで生息した場所でもある。トキは、江戸時代末期まではどこにでもいる鳥だったようだ。明治時代以降の乱獲や農薬が多用されたことによる生息環境の悪化で絶滅寸前にまで追いこまれ、二〇〇三年に絶滅したとされていたが、一九九九年に中国から贈られたトキの人工繁殖がはじまり、現在、野生復帰の取り組みが進められている。この取り組みについては、テレビなどでも紹介されているのでご存じの方も多いだろう。

そして、二〇二四年七月二七日、「佐渡島の金山」はユネスコの世界文化遺産への登録が決まり、今後、観光客の増加が見込まれている。当サイトに流れているキャッチコピーである「大き

な小判　きらりうむ佐渡」を初めて目にしたとき、思わず「うまい！」とうなってしまった。

2　佐渡島の概要とアクセス

佐渡島の面積は八五四・八一平方キロメートルで、本州などの主要四島と北方領土を除くと、日本の島のなかでは沖縄本島に次ぐ面積をもつ大きい離島である（**図3－1**参照）。構成自治体は佐渡市のみであり、市のホームページによると、二〇二〇年の人口は五万一四九二人、高齢化率は四二パーセントとなっている。

本州から佐渡島へのアクセスは、現在のところ船のみで、新潟市の新潟港から両津港への航路の場合、カーフェリーで二時間半、ジェットフォイルで約一時間となっている。また、上越市の直江津港から小木港へ向かう航路だと、カーフェリーで二時間四〇分かかる。

二〇一四年までは、新潟空港と佐渡空港を二五分で結ぶ定期航空路があったが、現在は運休中で、地域航空会社の「トキエア」が二〇二四年度中の就航に向けて準備を進めているという。

北陸新幹線が関西まで延びれば関西方面から訪れる観光客も多くなるだろうが、現在のところ、関東地方に住んでいる人か、東京を経由して向かわれる人が多いと思われる。ちなみに、二〇一八年の観光客数は約五〇万人となっていた。二〇二〇年には新型コロナウイルス感染症の影響で二五万人まで減少したが、二〇二二年には三六万八〇〇〇人と増加しているほか、「にいがた県民割」や「全国旅行支援」といった観光需要喚起施策によって復調の兆しが見えている（「令和四年度佐渡観光データ調査分析業務報告書」参考）。

まずは、主要な観光名所などについて簡単に紹介しておこう。ただし、すべてを私がめぐったわけではないので、地元の観光ガイドブックなどを参照していることをお断りしておく。

佐渡金山

ご存じのとおり、佐渡島の金山は日本最大の金銀山である。一六〇一年に山師三人によって開山されたと伝えられており、一六〇三年には徳川幕府直轄の天領として「佐渡奉行所」が置かれた。ここでは小判の製造も行われ、前述したように、江戸幕府の財政を支えてきた。しかし、一九八九年、資源枯渇のため操業を休止している。

図3－1　佐渡島

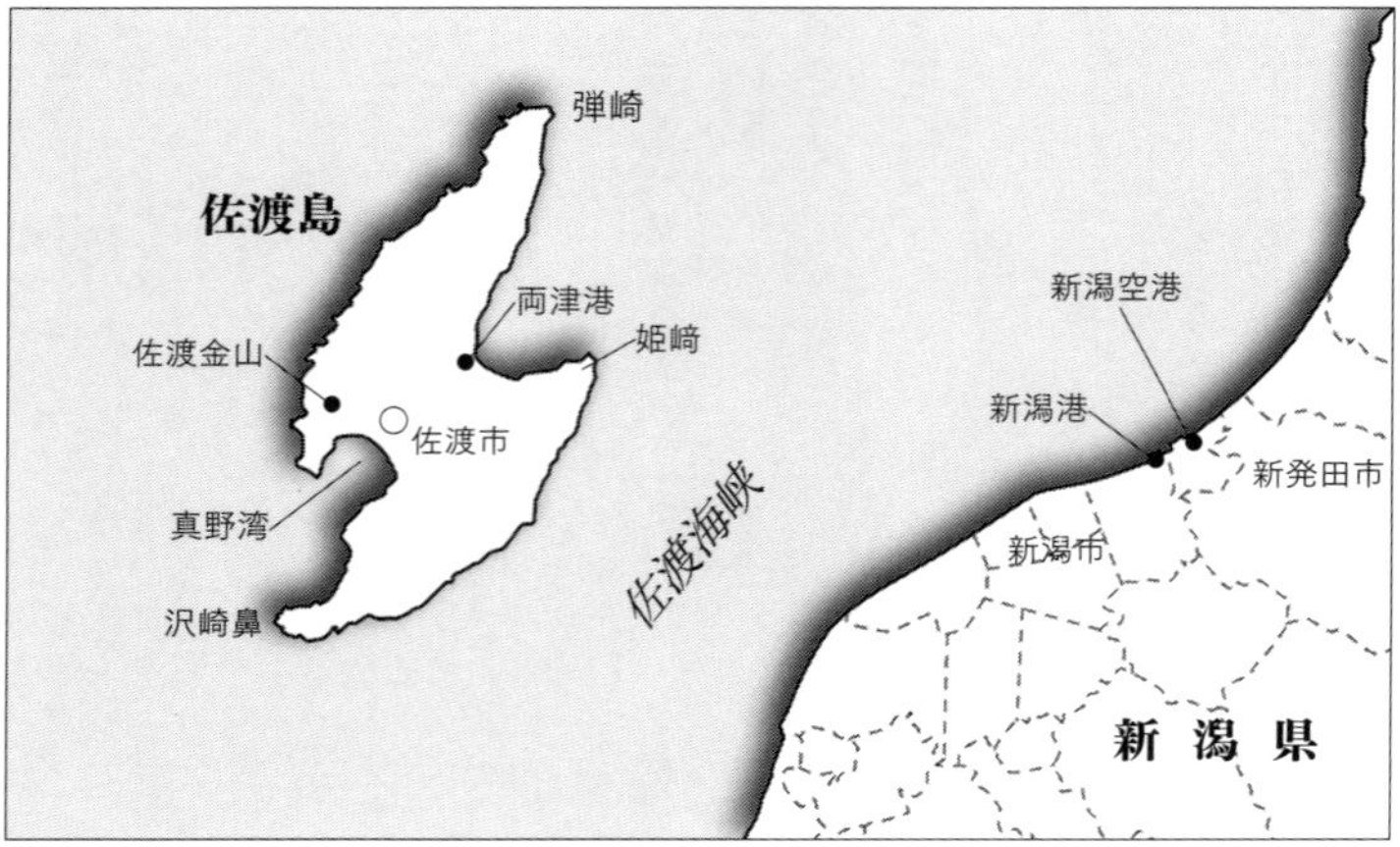

現在は、「史跡佐渡山」という観光コースとなっており、ツアーやワークショップが用意されている。「ガイド付産業遺産ツアー（料金不明）」では、金銀生産に関連する一連の産業遺産（採掘、破砕、選鉱、製錬、港湾）と、当時の風情が色濃く残る街並み（国指定重要文化財）を感じることができる。また、「ガイド付山師ツアー（二五〇〇円）」では、佐渡島特産の無名焼の原料を採掘した「無名異坑」と、江戸初期に開削された「大切山坑」をガイドに案内してもらうことができる。

一方、「ISLAND MIRRORGE コース（三〇〇〇円）」では、MRグラスを装着した状態で佐渡金山の道遊坑を実際に歩くというウォークスルー型のアトラクションが体験できるコースや、江戸時代の初期に開削された手掘り坑道が探索できる「宗太夫坑 江戸金山絵巻コース（一〇〇〇円）」、佐渡金山の近代化に大きく貢献した機械掘り坑道をめぐる「道遊坑 明治官営鉱山コース（一〇〇〇円）」などがある。

さらに、世界文化遺産への登録記念として、普段は公開していない夜間の「佐渡金山」を、プロジェクションマッピングで非日常空間の演出をしている。その際、「佐渡島の金山」のシンボルとなっている道遊抗の割戸のライトアップも行っているようだ。

体験型となるワークショップでは、「粘土が銀になる体験（四〇〇〇円）」、「金箔貼り体験（一〇〇〇円〜二五〇〇円）」、そのほか「純金延べ棒の取り出しチャレンジ」などが行われている。そのすぐそばには、お食事処や佐渡金山でしか買えない物産コーナーがあるので、観光客にとってはうれしい体験となる。実際に私が訪れたときのことについては後述する。

たらい舟

この島に来ると乗りたくなってしまうのが「たらい舟」である。小木海岸一帯で使用される楕円形の木造舟で、現在も「磯ねぎ漁」に使われているほか、観光用としても運営されている。たらい舟は小木港、矢島体験交流館、宿根木で体験することができる。料金は場所、コースによってさまざまだが、私が乗った宿根木では「湾内（千石船繋留停泊地）～楽島を巡るコース」が一〇〇〇円であった（そのときの様子は後述）。

トキ

一九三四年に国の天然記念物に指定されたトキ、この島を見に来るためだけに佐渡島を訪れるという人も多い。前述したように、二〇〇三年に日本産のトキは絶滅してしまったが、日中友好の象徴として中国から一九九九年に提供された二羽の個体から子孫が増え（二〇一八年にさらに二羽提供）、現在三〇〇羽のトキが自然界に生息している（「トキの森公園」サイト参照）。

放鳥したトキのモニタリング（追跡調査）が行われており、佐渡市のホームページでは「やさしく静かに見守りましょう」、「トキに餌付けをしないようにしましょう」、「繁殖期間はトキの巣に近づかないようにしましょう」、「トキを観察する時は地域に迷惑をかけないようにしましょう」という四つのルールが示されている。

二〇〇七年に佐渡市では、国の特別天然記念物トキの餌場確保と生物多様性の米づくりを目的とした「朱鷺と暮らす郷づくり認証制度」を立ちあげ、独自農法による佐渡産コシヒカリのブランドである「朱鷺と暮らす郷」を生産するなど、活性化のための資源としても活用している。

残念ながら、私はトキを見ることはできなかったが、地元の方はトキの生息場所に詳しいので、尋ねるなどしてぜひご覧になってほしい。

佐渡ジオパーク

ジオパークとは、「ジオ（地球・大地）」と「パーク（公園）」を合体させた造語である。佐渡ジオパークは、二〇一三年に「日本ジオパーク」に認定されている。佐渡島全域をその範囲とし、三億年の地球の歴史を刻む地質や、トキをはじめとする豊かな自然、そして金銀山などの歴史文化遺産を有している。

佐渡ジオパークのテーマは、「トキが舞う金銀の島三億年の旅とひとの暮らし」となっている。このテーマは、佐渡ジオパークの特徴となっている、三億年の地質の歴史、トキをはじめとする豊かな自然、そして金銀山などの歴史文化遺産を表現しており、サイトには、女神山・男神山や腰細海岸にある漣痕《れんこん》、ドンデン高原などの五九か所が紹介されている。

ホームページでは、一〇種類のモデルコースが示されている。海底火山の活動によってできた黒い大地が広がる佐渡島南部を、特徴的な海岸線のスポットを中心にめぐる「海の時代コース」や、激しい火山活動によって生み出された佐渡島の金銀鉱床のルーツを探る「大陸の時代コース」、加茂湖と外海を隔てる細長い土地を体感し、埋め立てながら発展した両津・湊地区の街並みを見る「加茂湖・両津散策ミニコース」、相川金銀山の鉱山としての歴史を知り、鉱石をすりつぶす石磨の材料となったおもしろい石を探してめぐる「歩いて巡る相川大間港・吹上海岸コース」などが用意されている。

賽の河原

「冥途との境」と言われる「賽の河原」は、幼くして亡くなった子どもの霊が集まる場所で、子どもが先立つと親はここに行き、石積みをするところだと言われている。

賽の河原は全国にあり、私は北海道の奥尻島にある賽の河原を訪れたことがある。奥尻島の賽の河原は海に向かって石が積みあげられていたが、佐渡島の賽の河原は海沿いの洞窟に石地蔵が奉納されており、その周りで、多くの小さな石地蔵と石積みが見られた（そのときの様子は後述）。

非常に残念なことであるが、このような名所をめぐるために私は佐渡島に渡ったわけではない。本書のタイトルが示すように、「自殺者」に関する調査・研究のためである。以下において、そのときの様子や自治体の取り組みを紹介していくわけだが、まずは佐渡市を選んだ理由について説明しよう。

一番の理由は「日本学術振興会 科学研究費助成事業」で採択されている研究ということであるが、自殺者の統計（二〇〇八年から二〇一八年まで）を取ると、六三市町村のなかで自殺者がもっとも多い市になっていたことである。自殺者が多い理由として、市（島）自体が大きいということが考えられるが、広い面積をもつ島での自殺対策がどのように行われているのかを知りたいと思ったからである。

それでは、この島における自殺者の推移を示していこう。

次ページの**図3－2**に示したように、自殺者数がもっとも多かったのは二〇一〇年で、総数二七人（男性一九人、女性八人）であった。二〇一三年や二〇一四年などのように、前年よりも自殺者が増加している年もあるが、二〇二〇年には一〇人以下まで減少し、女性は〇人であった。新型コロナ感染症以降の影響からか、二〇二一年には増加に転じて一三人となった。そして、二〇二二年には一一人と減少したが、二〇二三年には増加している。

この数字を多いと感じるのか、少ないと感じるのか、言うまでもなく人によって違うだろう。また、私がなぜこの島を調査対象としたのかと疑問を抱く人もいるだろう。それらの答えになるかどうかは分からないが、フィールドワークの様子や得られた知見などを紹介していきたい。

3　佐渡島へのフィールドワークとインタビュー

一日目――新潟への移動

二〇二三年一一月二五日、午前一一時の便で新潟に向かった。那覇空港から新潟空港へは直行便がないため、伊丹空港での乗り継ぎとなる。当初の予定では新潟空港に一四時五五分着となっていたが、伊丹空港への到着が予想以上に遅れたため、予定していた乗り継ぎ便に間に合わず次便振替となり、二時間待ちとなっ

図3－2　佐渡市自殺者数の推移（居住地）

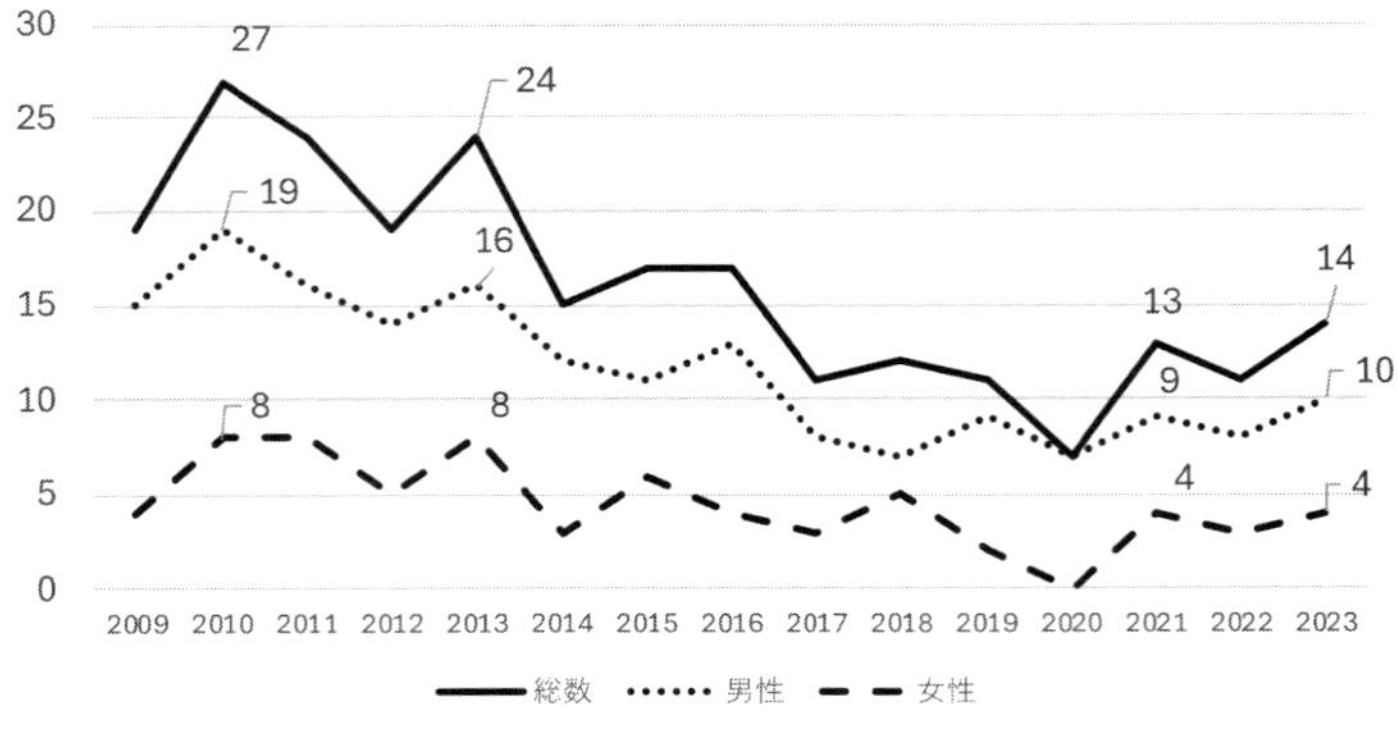

出典：厚生労働省：地域における自殺の基礎資料をもとに筆者作成。

た。結局、新潟空港へ着いたのは一八時半過ぎであった。

実はこの年、新潟県に来たのは四回目となる。一回目は、もう一つの離島「粟島《あわしま》」である。この島は、三〇年以上にわたって自殺者がいないということで有名である。二回目は九月で、本研究と並行して実施している「ヒューマン・ライブラリー」という研究の聞き取り調査のためである。そして三回目は、同じく並行して実施している、琉球王府時代に先島諸島（宮古諸島、八重山諸島）に課せられた「人頭税」の研究で、人頭税廃止に奮闘した新潟県出身の中村十作（一八六七～一九四三）の記念館を訪問するために一〇月に訪れている。

三つの研究が重なるという奇跡的なめぐりあわせを感じながら、四回目の新潟に着いた感想は「寒い！」であった。過去三回は半袖で過ごせるぐらいの気温であったため、今回も同じぐらいだろうと高をくくっていたが、一一月下旬の新潟、極寒の寒さであった。しかも、三日前まで沖縄県の与那国島にいたため、体感した寒さは半端なものではなかった。

身につけている服装では無理だと思い、新潟空港からJR新潟駅に到着するまでの時間を使ってスマートフォンで量販店を探したが、見当たらない。洋品店の一軒ぐらいホテルの近くにあるだろうと思ったが、そこは地方都市の夜、営業している店は見つけられなかった。

仕方なく、今回持ってきた薄着で過す覚悟をし、新潟市内にあるホテルにチェックインした。もちろん、寒くて外には出られないので、この日の夕食はホテル内となった。

【COLUMN】ヒューマンライブラリー

障がい者や社会的マイノリティを抱える人々が「本」となり、一般の参加者（読者）と少人数で対話するイベントである。2000 年にデンマークではじまり、現在では世界 100 か国以上で開催されている。「ヒューマンライブラリー」という名前の由来として、参加者を「読者」、人を「本」に見立てており、本を読むことで新しい知識や考えを得られるように、「本」となる人の話を聞くことで偏見や差別をなくし、相互理解を深めることを目的としている。ヒューマンライブラリーの役割としては、障がい者や社会的マイノリティに対する偏見や差別をなくすこと、相互理解を深めること、多様性を尊重する社会づくりに貢献することが挙げられている。

日本では、東京学芸大学、明治大学、新潟青陵大学短期大学部、琉球大学のほか、東京ヒューマンライブラリー協会、日本人材発掘育成協会、立川市社会福祉協議会など、多くの地域で開催されている。

【COLUMN】人頭税

琉球王朝時代に 1637 年から 1903 年までの 266 年間、薩摩藩への貢納金調達のため、先島住民（宮古諸島、八重山諸島）に課した税制度である。15 歳から 50 歳までの男女全員を対象に、年齢、性別、社会的地位によって納税額が決められていた。

先島諸島の経済状況は貧しく、住民にとって人頭税は重い負担であったことや年齢や性別、社会的地位によって納税額が異なるため不公平な税制であった。さらに、役人による不正徴収が横行していた。

越後国頸城郡稲増村（新潟県上越市板倉区稲増）出身の中村十作は、1892 年に真珠の養殖を夢見て宮古島に渡ったが、そこで人頭税による農民の苦境を目の当たりにし、人頭税廃止運動に身を投じ、農民総代らとともに上京して帝国議会へ請願書を提出するなど人頭税廃止に向けて大きく貢献し、1903 年に 266 年間続いた人頭税は廃止された。新潟県上越市板倉区には「中村十作資料館」があり、中村十作の功績を展示するとともに、宮古島との交流を続けている。

二日目——佐渡島への移動と佐渡市議との意見交換

翌朝八時にホテルをチェックアウトし、佐渡島へ渡るために新潟港へと向かう。フェリーターミナルは観光目的と見られる多くの人で賑わっていた。出航まで一時間ほど待って、離島最大級の船「おけさ丸」に乗船した。

六階建てとなっている「おけさ丸」の客室は、スイートルーム、特等船室、一等船室、二等船室、ペットルームとなっている。また、食堂、イベントプラザ、ゲームルームまでが完備されている。これまで多くの離島行きの船に乗ってきたが、比べものにならない大きさである。ジュータン室で横になったり、デッキに出て、飛んでくる鳥の写真を撮ったりして過ごした。

新潟港を出航して約二時間半、佐渡島の両津港に到着した。私の生まれ育った宮古島とは比較にならない大きさで、フェリーターミナルには土産店が並び、ここが佐渡島の玄関口であることを改めて感じてしまった。

予約しているレンタカーを借りるまで時間があったので、とりあえず昼食をと思い、スマートフォンで検索した店に行ったが、閉店していた。近くの店を探したところ、ネットの口コミに「料理は美味しいが店員の対応が悪い」と書かれていた店があった。「この際、仕方ないか」と思いながら店に入ると、とても愛想のいい店員がお茶を出してくれた。やはり、ネットの口コミは当てにならない。

昼定食を食べていると、「どこから来たのか?」と尋ねられたので、「沖縄からです。寒いところの魚は美味しいですね」と答えると、詳しく魚の話をしてくれた。確かに、世間話をしている店員もいたが、私的には気になるレベルではなかった。観光客が求める期待の高さと普段どおりの対応、その温度差がネットの口コミに反映されるのだろう。

食事を終えてレンタカー店に向かった。とても愛想のいい従業員で、私が「一時間早めに借りて、その分早めに返していいですか?」と図々しく尋ねると、「大丈夫ですよ。返却時間も気にしないでください」とのことで、すんなりとキーを渡してくれた。

エンジンをかけて、すぐさま北に向かった。自

「おけさ丸」の内観

「おけさ丸」の外観

殺対策の調査をするためにレンタカーで島を回るということに関連性があるのかという疑問を抱く人がいるかもしれないが、集落間の距離や集落内の家同士の距離などといったことは、島の現状を知るうえにおいては重要な情報収集手段となる。

佐渡島でどうしても行きたかった場所があった。それは「賽の河原」である。先にも述べたように、北海道の奥尻島の賽の河原を訪れた際、石を積み重ねるという神秘さとパワーに圧倒されたことがある。奥尻島では「賽の河原公園」として整備されており、駐車場まで設置されていたが、佐渡島には数台停められる場所があるだけで、そこから海岸沿いに整備された道を一五分ほど歩くことになる。すると、洞窟と小さい石地蔵、そして石積みが現れる。

正直なところ、霊感が強い私はなにがしかのパワーを感じてしまい（この文章を書いている今も感じている）、「ここは、ちょっとやめたほうがいいかな」とも思ったが、せっかくの機会だからと思って足早で見学して引き返してきた。非科学的とはいえ、霊感が強いという人にはおすすめしたくない場所となる。

その後もひたすら車を走らせて北に向かい、一周四時間ぐらいだろうと思っていたら、まったく時間が足りないことが分かった。夕方から佐渡市議に会う約束をしていたので、山越えのショートカットをしようと思ったが、「冬季封鎖」の文字が目に飛びこんできた。来た道を戻ると二時間、迂回して前に進めば一時間と、気持ちがせくなかで宿泊先に向かった。

その途中、レンタカー店から着信があった。問い合わせてみると、何とスーツケースを載せ忘れているとのことだった。スーツケースを取りに行ってから宿泊施設に行くとなると、市議との待ち合わせ時間に遅れることが決定的なので、市議に遅れる旨の連絡を入れた。

「遅れます。すみません」と伝えると、市議が「気にしないでいいですよ」と言ってくれたので、この日はスピード違反をすることもなく（たぶん）、無事に宿泊施設までたどり着いている。

いそいそとチェックインするためにフロントに向かうと、そこは温泉施設だった。「え!?　ここで合っていますか?」と尋ねると、宿の人が「温泉施設と旅館がつながっているんですよ」と教えてくれた。予約時の名前を見て沖縄県人と思ったらしく、「沖縄の方には寒いかと思って、暖房をつけと

賽の河原

きましたから」という心遣いに感動してしまった。

とはいえ、温泉への入浴時間が決まっているようで、今から用事があることを伝えると、「今日は、私が宿直で泊まります。シャワーでよければ私が対応しますので、私を起こして下さい」とのことだった。それは悪いと思っているところに、市議から「仕事が長引き、少し遅れます」という連絡が入ったので、待ち時間を利用して温泉に入ることにした。とても泉質がいい温泉で、滞在中、何度も入浴してしまった。

なぜ、私が佐渡市議と知り合いなのかということについて説明しておきたい。

私の所属する社会学講座の教授（新潟県出身）と立ち話をした際、「琉球大学の卒業生に佐渡の市議がいるから、もし必要があったら紹介しますよ」と言われたことがある。その数か月後、図々しくもその教授に「紹介していただけませんか」とお願いし、この日の会合が実現した。

紹介していただいたのは後藤勇典市議である。佐渡島に向かう前に何度かメールでやり取りをさせていただいているが、そのときに分かったのは、琉球大学理学部の卒業生で、前述の教授とはサークルで知り合ったこと、自殺対策について議会に上程したこと、である。ありがたいことに、佐渡島の自殺状況に関する資料なども送っていただいている。

この日、私が辺鄙な旅館に泊まってしまったこともあり、わざわざ後藤市議に旅館まで迎えに来ていただき、寿司屋での夕食となった。

後藤市議は、転職を機に佐渡市へ移住し、会社員などを経て二〇一九年の佐渡市議会補欠選挙で初当選を果たしている。お会いしたときは二期目を務めていた。大学時代の思い出話が中心であったが、私の研究であった自殺対策について後藤市議は、「自殺対策が専門ではなく、あくまでも一個人としての考え」と前置きしたうえで話してくれた。

後藤市議　佐渡市の自殺者が増加していることもあって、自殺者を防ぐために「いのち支える自殺対策推進センター」の研修に参加して、利用しやすい相談体制づくりが必要だと思い、相談窓口としてネット相談などを市議会に提案したんですが、実現しなかったです。

「ネット相談」というのは貴重な発想である。というのも、離島では人と人との距離が近いため、相談すること自体のハードルが高いという課題が挙げられている。そのため、相談

後藤市議（当時）と意見交換をする筆者（左）

しにくい住民のために外部機関との連携が重要となる。

私　そうなんですか……。市役所職員時代の私だったら、「議員に言われたらすぐ動け」と上司から言われそうな内容ですが、市役所では実現しなかったんですね。もう少し詳しくうかがいたいのですが、具体的にどのような質問をされたんですか？

後藤市議　地域における自殺対策の取り組みを強化することが大切だと思い、国の施策の「地域自殺対策強化交付金」を活用してはどうかと言っています。これを財源として、SNS地域連携包括支援事業の実施が可能になると思ったんです。ちなみに、上限は五〇〇万円で、交付率は三分の二です。職員配置経費、会議経費、普及啓発経費、システム関連経費を対象経費として計上することができます。

「地域自殺対策強化交付金」というのは、地域自殺対策強化事業を行う都道府県または市町村に対する交付金のことである。毎年内容が少し変わるが、国が定めた「地域自殺対策強化事業」を実施することで、二分の一から一〇分の一〇が交付される。ちなみに、二〇二四年度の地域自殺対策強化事業は、「対面事業」、「ゲートキーパー養成事業」、「SNS地域連携包括支援事業」などの一八項目となっている。

私も市役所職員のときに、上司や一緒に担当していた保健師とともに、事業に照らしあわせながら取り組んだことがあるが、ここまでその内容に詳しい市議に会ったのは初めてかもしれない。もっと詳しく聞きたいと思い、次の質問をした。

私　その事業の実施事例などはありますか？

後藤市議　新潟県南魚沼市の事例があります。南魚沼市では、自殺者は減少傾向にありましたが、二〇二一（令和三）年に急増しました。とくに、若年層と女性の増加についての対応が必要であり、これまで実施してきた事業を継続しつつ、SNS相談事業を実施しているNPO法人と協定を締結したそうです。導入のメリットは、対面や電話による相談が難しいケースなどに有効で、また事業者が担当するSNS相談を経て、必要であれば相談者を行政の関係機関へとつないだり、個別面談のセッティングなどが実施できます。このコーディネートは事業者のほうで対応するため、行政にとっては、時間的なコストがあまりかからないことが大きなメリットになると考えました。

前述したように、離島では人と人との距離が近いため相談に行きにくいということをよく聞いていたし、私自身も担当していたときに感じたことである。とくに、インターネットが普及してきたことによって、連絡手段が電話よりもメールやLINEのほうが多くなり、若年層ではそれが顕著になっている。私がこれまで教えてきた学生に対して、「その案件であれば会社のほうに電話をして確認すれば」と言うと、断ってきたり、かける練習を三〇分以上してから電話をするなど、「電話で話す」こと自体、ハードルが高くなってきているように思える。

また、自殺対策の離島市町村の現状を説明すると、自殺対策の専任職員が配置されることはなく、あっても非常勤職員ぐらいで大抵は兼務という形が多い。兼務で忙しいため、自殺対策まで手が回らないというのが現状であることから、事業者がそこまで対応してくれるのならありがたいし、なかなか来ない相談窓口に数百万円もかけて非常勤職員を配置するよりもコストパフォーマンスははるかによい。

後藤市議は続けてこう話した。

後藤市議　大切なことは、SNS相談そのものではないんです。これを通して、実働でき得る連携体制を構築することにあると考えています。基本的には、佐渡市自殺対策計画に記載されている既存の組織を活用していくことを想定しているため、新たに組織を立ちあげる必要がなく、スピーディーな対応ができると考えられます。佐渡市自殺対策計画の三ページに、「国の自殺対策基本法や、自殺総合対策大綱等が見直された場合や社会情勢の変化に配慮し、必要に応じて計画の見直しを行います」とあります。この度、自殺総合対策大綱が改定されたので、本市の計画についても、新しい施策を盛りこんだ形として、見直しを図るべきだと提案したのです。

つまり、既存の組織を活用し、連携体制を構築することで早期に対応していくということである。自殺には「多様な要因がある」と言われており、精神科医療だけではなく、生活困窮担当部署から高齢者担当部署、警察など多くの部門がかかわっているが、関係機関がかかわりすぎていて、実際にどのように対応するのかという点が抜けていることが多い。多様だからこそ、有機的な連携体制を図る必要があると改めて感じた。

また、障害福祉事業所が少ないことを後藤市議は懸念していた。

後藤市議　障害者福祉事業所のうち、就労継続支援B型事業所はあるんですが、就労継続支援A型事業所がないんです。私は障がい者の方たちが少しでも多くの給料を得られるように、就労継続支援A型事業所をつくりたいと思っています。福祉について理解を深めるために社会福祉士の通信教育を受け、今年、社会福祉士に合格することができました。

今回は自殺対策研究で来ている私だが、離島における障がい者の就労についても研究していたことがあったので、離島で取り組みやすそうな農福連携（農業と福祉の連携）や水福連携（水産

【COLUMN】

障害者就労継続支援A型と障害者就労継続支援B型

障害者の就労支援にはいくつか種類があるが、ここでは障害者就労継続支援A型と障害者就労継続支援B型について説明する。ともに、「障害者の日常生活及び社会生活を総合的に支援するための法律」（障害者総合支援法　平成十七年法律第百二十三号）に位置づけられたサービスである。

就労継続支援A型は、一般企業に雇用されることが困難であって、雇用契約に基づく就労が可能である者に対して、雇用契約の締結などによる就労の機会の提供および生産活動の機会提供を行うという就労形態である。一方、就労継続支援B型は、一般企業に雇用されることが困難であって、雇用契約に基づく就労が困難である者に対して、就労機会の提供および生産活動の機会提供を行う就労形態である。

大きく違うのは、就労継続支援A型が雇用契約を締結するために最低賃金が保証されているが、就労継続支援B型は雇用契約を締結しないために最低賃金が保証されない点である。厚生労働省が公表している「令和４年度工賃（賃金）の実績について」では、就労継続支援A型事業所の平均工賃（賃金）が83,551円（時給947円）に対して、就労継続支援B型事業所は17,031円（時給243円）となっている。

業と福祉の連携）などに関する情報提供を行った。

後藤市議は、「次回の市議選には出馬せず、障がい者のために障害福祉事業所を立ちあげたい」と話していた。元市役所勤務の私としては、政治の力が大きく影響するだけに強く引き留めたが、後藤市議の信念は強く、二〇二四年で議員を引退（次回選挙不出馬）すると発表した。今後の、実践の場における活躍に期待したい。

宿に戻ったが、賽の河原からずっと何かが憑いてきているような気がして、この日以降、電気を消して寝ることができなかった。

三日目——フィールドワーク

三日目となるこの日は、島内のフィールドワークをすることとした。宿泊施設を出ようとすると、宿の人が声をかけてきて、沖縄に行ったときの話をしはじめた。どうやら、沖縄から佐渡島に来る人間は珍しいようだ。

トキが見えるスポットをいろいろと教えてくれたが、「トキって、今回の研究と関係あったっけ？」と考え、何となく関係がなさそうだったので諦めることにした。とはいえ、どうしても体験したかったことがある。それは「たらい舟」である。たらい舟に乗れる場所を検索し、二か所に行ったが、冬季に入ったため営業を終了していた。半ば諦め気味にもう一か所だけ行ってみると、「今日まで営業している」とのことで、念願のたらい舟に乗ることができた。

私は人見知りなので、話すこともせずにぼーっと乗っていると、漕ぎ手の人が「どちらからですか?」と尋ねてきたので「沖縄からです」と返すと、「私は北海道の大学生で、休学して漕ぎ手をしています」と話してくれた。これは研究に関連しそうだと思い、来島の目的などを話しながら移住に関する話（都合よくいえば、コミュニティにおける移住者の立場）などをいろいろと聞いてしまった。

漕ぎ手の人が、「近くのゲストハウスに宿泊しています。この地域は昔から移住者が多い地域だったみたいで、みんな良くしてくれますよ」と話してくれた。その後、海の紹介やたらい舟の話など観光紹介をしてくれたが、移住者が感じる地域の話に関心が向きすぎてしまい、そのほとんどを忘れてしまっている。

舟着き場に戻ると、外国人の女性が乗船を待っていた。係員が、「今日は、沖縄からも外国からも来てすごい日だ」と話していた。

その帰途、宿根木《しゅくねぎ》の「横井戸」を訪れた。一般的な井戸は垂直に掘られるわけだが、ここの井戸は山の斜面を横方向に掘られている。宿根木周辺の農業用水を供給している「横井戸」というものを初めて見たのだが、何とも不思議な光景であった。

その後、せっかくなので「史跡佐渡金山」へ向かうことにした。平日ということもあり、観光客はほとんどいなかった。入場券を買いに行くと、「複数のコースがある」と説明してくれた。

一〇〇〇円の「宗太夫坑 江戸金山絵巻コース」に五〇〇〇円追加したら「道遊坑 明治官営鉱山コース」も見れるというプランもあったが、五分ほど悩んだ末に「宗太夫坑 江戸金山絵巻コース」を選択した。かつて、別の研究で鉱山に行ったことはあるが、金山は初めてである。「ここで金が掘られて小判ができていたのか」と思うと、感慨深いものがあった。

順路を進むと、「純金延べ棒の取り出しチャレンジ」というコーナーがあった。観光客がいなかったので何

たらい舟

宿根木の横井戸

度か挑戦したが、まったく持ち上げることができなかった。お土産品コーナーで、「先日、五歳の子が成功しましたよ」と店員に言われて驚き、もう一回チャレンジしたがやはりダメだった。五歳の子ども、恐るべし。

北沢地区鉱山施設は、佐渡金山の鉱石を処理していた大規模な施設群である。明治時代に最新鋭の技術を導入し、東洋最大級の選鉱場として栄えた。銅の製造過程で用いられていた浮遊選鉱法を金銀の採取に初めて応用し、実用化に成功している。夜はライトアップされており、そこで演奏する人やライトアップを見に来た観光客などで賑わっていた。

佐渡金山への入り口

時間も遅くなったので宿に戻ることにした。この日の夕食は宿にお願いしていたので、宿に戻るとすぐ夕食会場に向かった。昨日対応してくれた人が「ここの夕食は仕出しだから美味しいよ」と言っていたので、期待に胸を膨らませて夕食会場に向かうと、期待以上のものだった。

夕食会場には男性のグループがいた。どうやらツーリングで来ているようで、楽しそうに食事をしていた。二〇分ほどしたらこのグループが引き揚げていったので、静かに黙々と一人で食べていると、食堂の人が「沖縄の人ですか？」と聞いてきた。私の苗字で分かったようで、最近、沖縄の人が移住して、レストランを開いた話などについて教えてくれた。

このような移住者情報は「離島あるある」で、以前、北海道の離島に行った際には、その島のレストランや宿では沖縄出身者の移住情報が伝わっているようで、役所に資料をもらいに行ったとき、担当課長がその沖縄出身者（役所の職員）を連れてきて私に対応させていた。

同じ沖縄出身者と遠い地で会えることは嬉しいが、情報がこれほどまで伝わるというのはコミュニティの狭さが理由となる。良い面だけであればいいが、悪い面の伝わり方を想像すると生きた心地がしない。「村八分」という言葉が思わず頭のなかをめぐった。

宿で出された夕食

四日目は、保健所、市役所担当者へのインタビューを二時間程度行った。その内容をぜひ本書で紹介したかったが、保健所および市役所から本書への掲載許可が得られなかったため、残念ながらここでは紹介はできない。

可能な範囲で説明すると、佐渡市では保健所と市役所が連携して、自殺予防対策を共同で実施している点が特徴的である。一見、「当たり前」と思われるかもしれないが、保健所と市が連携して実施するというのは珍しい。その理由は、同じ圏域に都道府県担当と市町村担当の自殺予防があるためである（今回で言うと佐渡圏域と佐渡市）。

以前、私が宮古島市役所で自殺対策を担当していたとき、保健所と対策の分野が被ってしまったことがあった。しかも、市の取り組みがメディアなどで大きく取り上げられたこともあって、その当時の保健所の担当課長から、「今後、市役所の対策を私たちがやりたいので内容を引き渡してください」と言われたことがある。もちろん断ったが、当時の保健所の担当課長は、市の取り組みのほうが注目を浴びていることを面白く思っていなかった、ということである。

このように、保健所と市役所が連携するというのは珍しい。インタビュー自体も共同で実施することができたし、それぞれの機関が実施する取り組みに対して、お互いの機関がサポートしあっているような感じをこのときには受けている。

もう少し説明すれば、保健所は県の機関であるため新潟県での統一した役割があり、県の方針のもとに取り組みを実施している。一方、市は、市民のための独自の取り組みや相談、きめ細やかな支援などを行えるということが特徴となっている。今回のインタビューでは、両者が連携して取り組むという「理想形」に近い内容が聞けただけに、掲載できないことは非常に残念である。

どちらの機関とは言わないが、締切り期限ギリギリまで、一方の機関からは「掲載するための最終手続きを取っています」という連絡を受けていたが、締切り期限当日、もう一方の機関から「掲載不可です」という連絡が入った。そして、その後、掲載可能だと思われていた機関からも「掲載不可になりました」という連絡が入った。

問い詰めても仕方ないので、少しだけ話を聞いたが、「○○とは連携しているので、こちらだけというわけには……」というように話をされていたので、この点も連携体制の結果なのかもしれない。

約一時間後に船が出港するため、市役所を後にして両津港へと向かった。両津港は観光客で賑わっていた。疲れていたのか、帰りの船では熟睡してしまい、気がついたら新潟港に着いていた。その日中には沖縄に戻れないので、新潟市で泊まることにした。夕方、ＪＲ新潟駅近くにあるマッサージ店で賽の河原の話をすると、突然、停電した。

さて、別の日のことであるが、自殺について住民はどのように感じているのかということについて住民にインタビューさせていただいているので、最後に紹介したい。

私　佐渡市に住んでいて、自殺についてどのように感じますか？

住民　佐渡でも自殺の話はタブーであるためか、普段の雑談のなかで触れられることはあまりありません。しかし、たまに「○○さんが自殺で亡くなった」というような話を聞くことがあります。

私　自殺の原因などをもしご存じでしたら、話せる範囲でかまいませんので教えてください。

住民　原因はあくまで推測（噂話なので）ですが、「経済苦や心の病」などだと思います。人から聞いた話ですが、佐渡人の気質として、本当にギリギリになるまで人に相談しない、我慢するといった話を聞いたことがあります（主に経済苦の話として）。もっと早い段階で人に相談すればよいのに、それをしないということです。佐渡には恥の文化が根づいているような気がします（恥をかくことを極端に恐れている気がする）。

帰りの両津港

私　自殺を予防するためには、どのようなことが必要だと思いますか？

住民　佐渡にかぎったことではないでしょうが、人に相談するというハードルが下がればいいと感じます。ただ、それによって噂話が光回線よりも早く広まることを恐れるという人もいるかと思いますが……。

今回の佐渡島での調査では、掲載はできなかったが保健所や市役所、当時現職だった市議から住民まで、多くの方から話をうかがうことができた。観光を推進していく裏側で、自殺者を減らすために取り組んでいる方々の努力によって佐渡島の自殺者がピーク時よりも減少している。

しかし、最後の住民のコメントにもあるように、どのように相談のハードルを下げていくのかが課題である。たとえば、経済苦という点で見ていくと、生活保護担当課や生活困窮担当課から自殺対策というのではなく、生活支援のための相談として展開するということも考えられる。可能なかぎり窓口を増やし、後藤市議が言われたように、連携体制を構築していく必要がある。

残念ながら、二〇二三年の自殺者数は増加していることもあり、関係機関や民間組織が連携しながら、自殺者が一人でも減ることを願っている。

第4章　島根県隠岐諸島

1　隠岐諸島の歴史

沖縄の学校では習ったことがなかったのでまったく知らなかったが、隠岐諸島の歴史はとんでもなく長いようだ。縄文時代の早期か前期には人が住みつき、本州と活発な交流があったことを示す痕跡が、出土した石器や土器から確認されているようだ。紀元前五〇〇〇年頃、つまり縄文早期・前期の「宮尾遺跡」が西郷町津井の近くにあるほか、久見の近辺には「中村湊遺跡」があるという。

佐渡島のところでも紹介したが、日本最古の歴史書である『古事記』の「国生み神話」には「大八島国」（淡路島・四国・隠岐島・九州・壱岐島・対馬・佐渡島・本州）の三番目として登場しているし、『日本書紀』の諸伝では、「億岐州」と「佐度州」が双子の島として登場している。みなさんご存じのように、『古事記』に書かれている「因幡の白兎」に登場する島である。

弥生時代後期には水稲栽培が島に入り、島後南部の八尾川下流東岸に集落が出現し、現在「月無遺跡」として保存されている。また、古墳時代には隠岐でも多数の古墳が築かれ、全長四八メートルの「平神社古墳」をはじめとして、前方後円墳が一〇基余りあるほか、円墳が約二〇〇基、方墳は古墳時代後期の横穴墓を含めると、「島後《どうご》」だけでも三〇〇基以上にも及ぶという。

大化の改新（六四五年）以前には「億伎国造」が設置され、大化改新後、全国に国郡が置かれるようになってから「隠岐国」が設置された可能性が高いという。また、古代からの渤海や新羅との交渉記録もあり、近隣諸国との貿易が盛んだったと考えられている。

古くから「遠流の島」として知られ、平安時代には、小野篁《たかむら》、伴健岑《とものこわみね》、藤原千晴、平致頼《たいらむねより》、源義親《よしちか》、板垣兼信、鎌倉時代に入ると、佐々木広綱、後鳥羽上皇、後醍醐天皇、そして、江戸時代初期には飛鳥井雅賢《あすかいまさたか》という公家が流されている。

一六三八年に松平直政（一六〇一～一六六六）が出雲に入った以後、隠岐は幕府の天領（松江藩の預かり地）となった。幕府から統治を委託された松江藩は、西郷に陣屋を置いて郡代に総括させ、「島前《どうぜん》」と「島後《どうご》」にそれぞれ代官を派遣して行政にあたらせている。島後にある西郷港は、一八世紀から北前船の「風待ち」や「補給港」として賑わうようになった。

江戸時代末期、一八六八年には「隠岐騒動」というものが起こり、神官と庄屋の正義党が松江藩隠岐郡代を追放している。また、「王政復古によって隠岐は朝廷御料になった」と宣言して自治を行った。すぐさま松江藩は隠岐に出兵し、一時隠岐を奪回するが、まもなく鳥取藩が仲介したことで松江藩兵は撤退し、自治が復活している。その後、一八六九年二月から八月まで隠岐国に「隠岐県」を設置して独立したが、大森県に統合後、島根県と鳥取県の間で移管を繰り返し、一八七六年に島根県の所属となっている。

一九〇五年二月には竹島が日本の領土として確認され、のちの五箇村の所属となったわけだが、現在は隠岐の島町の所属となっている。この島に関しては、ニュースなどでもよく報道されているので、みなさんもよくご存じのことだろう。

近年におけるホットニュースと言えば、「隠岐ユネスコ世界ジオパーク」(隠岐ジオパーク)として、日本ジオパークネットワーク(二〇〇九年)、世界ジオパークネットワーク(二〇一三年)に認定されていることとなる。

いずれにしろ、このようなことは、隠岐に行くまでまったく知らなかった。教養のなさを反省するばかりである。

2　隠岐諸島の概要とアクセス

隠岐諸島は、島後水道を境として「島前」と「島後」で構成されており、面積は三四五・九三平方キロメートルである(**図4-1**)。構成自治体は、島前の知夫村(知夫里島)、海士町(中ノ島)、西ノ島町（西ノ島）、島後《どうご》の隠岐の島町の三町一村で構成されている。二〇二〇年の人口および老齢人口割合は、知夫村が六三四人（老齢人口割合：四四パーセント）、海士町二二六七人（老齢人口割合：三九パーセント）、西ノ島町二七八八人（老齢人口割合：四六パーセント）、隠岐の島町一万三四三三人（老齢人口割合：四一パーセント）である（「地域経済分析システム」参照）。

第1章で説明したように、離島市町村では人口減少が進んでいるわけだが、隠岐諸島の海士町、知夫村では人口が増加している。ここでは、海士町について説明していくことにする。

海士町は、二〇〇二年に改革派の山内道雄（一九三八〜二〇二四）が町長となり、生き残りをかけた「自立促進プラン」を策定した。町役場

図4−1　隠岐諸島

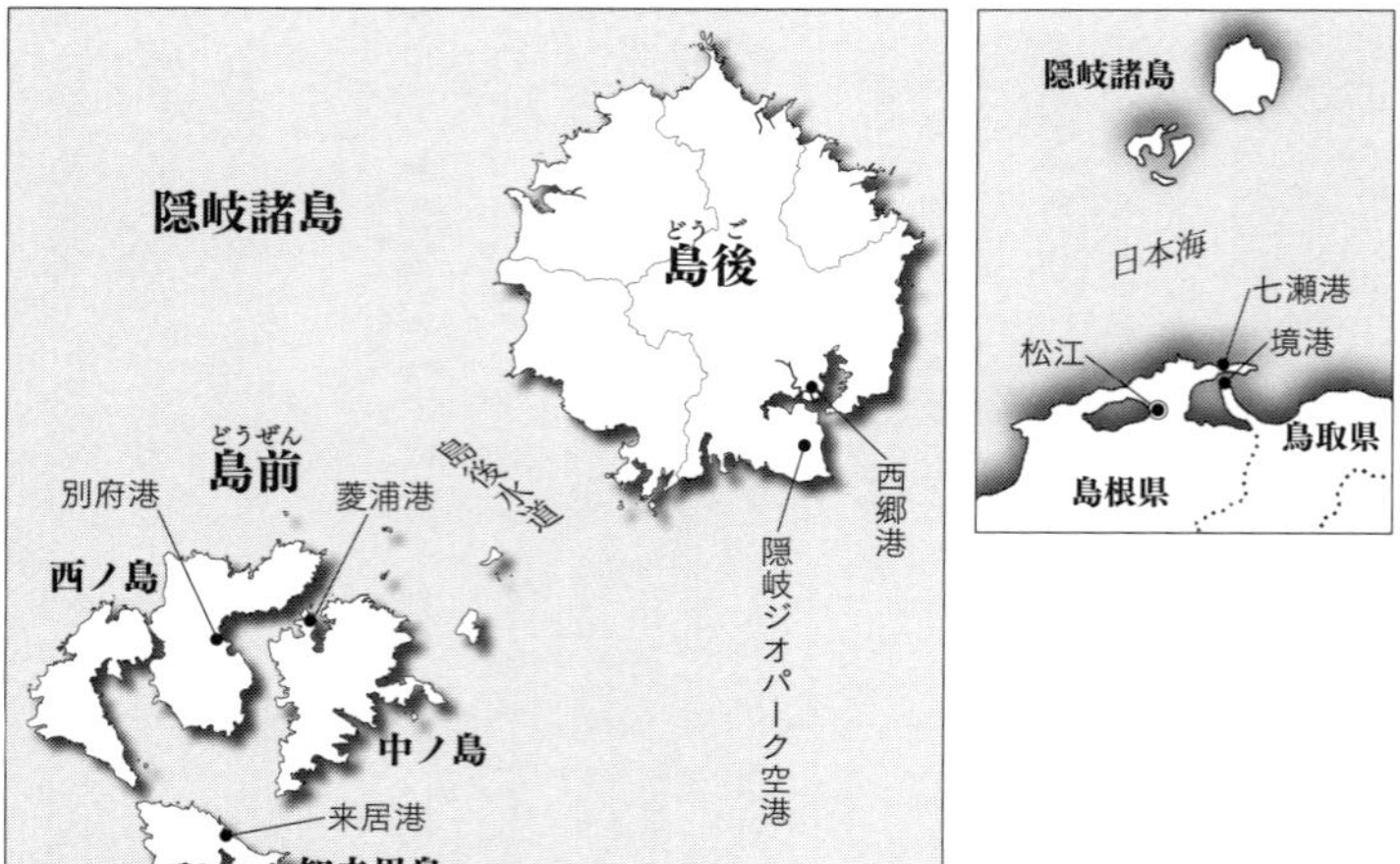

の人件費を大幅にカットし、その分を水産・畜産など地場産業の高付加価値化や子育て支援に回すという取り組みを行った。

山内の後を継ぐ形で町長となった大江和彦氏は、島に埋もれた資源を徹底的に発掘し、商品開発につなげるというブランディング化に取り組んだ。「ないものはない」を町のキャッチフレーズとし、町が一体となって取り組んでいる。これらの取り組みが功を奏したのであろう、現在は多くの若者が移住している。

隠岐諸島への一般的なアクセス方法は、フェリー、高速船、飛行機の三通りとなる。通年運行のフェリーは、約二時間三〇分で本州（島根県、鳥取県）と隠岐を結んでいる。高速船での所要時間は約一時間だが、冬期は運行していない。一方、航空便については、島後に隠岐ジオパーク空港があり、出雲空港と伊丹空港からそれぞれ一日一往復の便が運行されている。

ちなみに、観光客数のピークは一九九八年の約五八万人である。翌年以降、徐々に減少し、二〇一三年には約一八万人となっている。それ以降は、「世界ジオパークネットワーク」に認定された効果などもあって、二〇一五年に約二二万人まで回復したが、その後は再び少しずつ減少に転じ、二〇二〇年には新型コロナウイルス感染症の影響で約九万人まで減少した。とはいえ、コロナ禍後は、二〇二二年に約一八万人まで回復しており、「島根県民割」や「おき得乗船券」といった観光需要喚起施策によって復調の兆しが見えている（「島根県観光動態統計調査」参考）。

まずは、主要な観光名所などについて簡単に紹介しておこう。ただし、すべてを筆者がめぐったわけではないので、地元の観光ガイドブックなどを参照していることをお断りしておく。

神社

平安時代に編纂された『延喜式神名帳』（『延喜式』の巻九・十で、全国の神社が記載されている）には一六社が載っている。そのなかでも、とくに格式の高い名神大社《みょうじんたいしゃ》(1)を挙げると、「由良比女神社」、「宇受加命神社」、「水若酢神社」、「伊勢命神社」の四社となる。島根県内の名神大社は、隠岐以外には「出雲大社」（出雲市）と「熊野大社」（松江市）の二社だけであることからしても、この島の凄さが分かる。

現在、隠岐諸島の四島には一〇〇社以上の神社があるわけだが、江戸時代には「三〇〇社あった」という

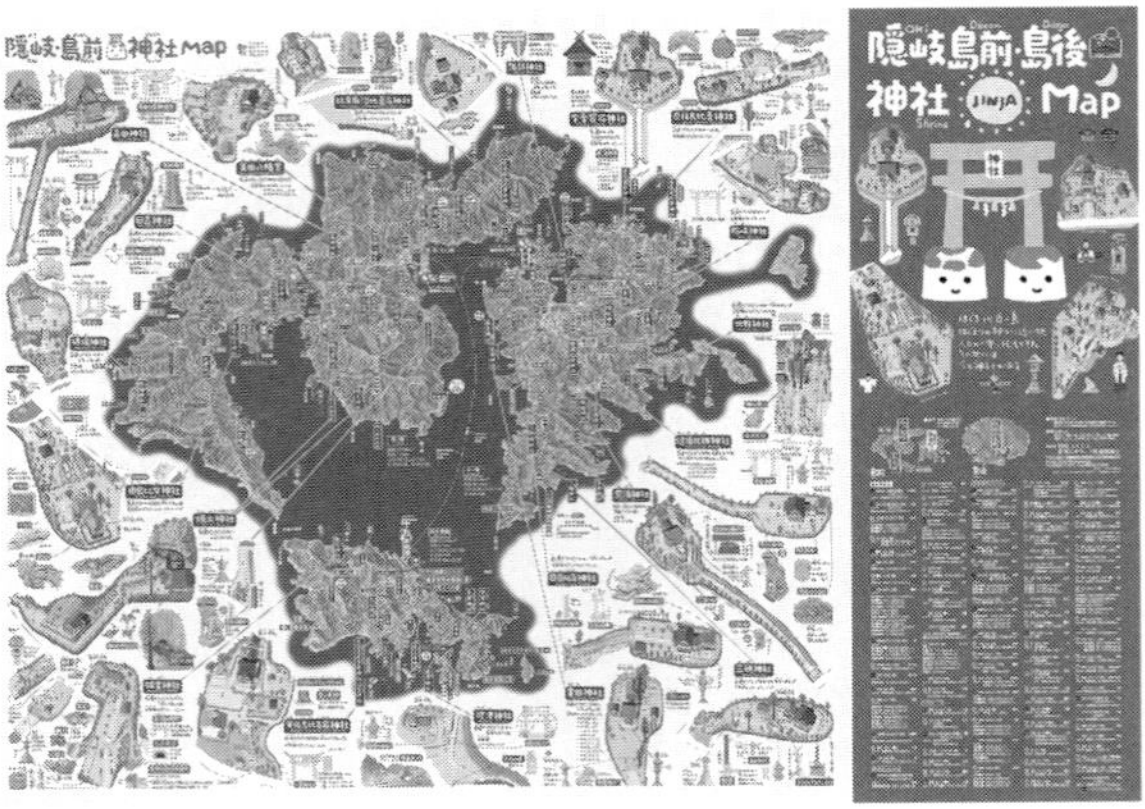

「神の島」を実感してしまうパンフレット

記録がある。すべてに社殿があるわけでもないし、宮司さんが常駐しているわけでもないが、それぞれ地域の人びとが信仰し、お祀りをしているようである（「旅LABO本郷」より）。まさしく、「神の島」だと言える。

玉若酢命神社《たまわかすみことじんじゃ》

玉若酢命神社は隠岐諸島における中心的な神社であり、古くから信仰を集めている。隠岐の開拓神として知られる「玉若酢命」が祀られており、島の人々の暮らしを見守ってきた。この神社の最大の魅力は、樹齢約二〇〇〇年といわれる「八百杉」である。この巨木は、神聖な空気を醸しだしており、訪れる人々を圧倒する。また、本殿は、隠岐独自の建築様式である「隠岐造り」となっており、素朴ながらも荘厳な姿は必見である。境内に漂うのは静寂のみで、神聖な空気に包まれている。参

（1）日本の律令制下において、名神祭の対象となる神々を祀る神社のこと。

玉若酢命神社

道を歩けば、心が洗われるような清々しさを感じられることであろう。隠岐の歴史と文化に触れたい人は、ぜひ一度訪れてみることをおすすめする。

ローソク島

ローソク島は、その形がローソクに似ていることから名付けられた無人島である。ユニークな形状が理由だろう、観光客の人気スポットとなっている。高さは約五〇メートル、周囲は約二〇〇メートルと、その姿、まさに自然がつくりだした芸術作品と言える。とくに、海から見たときのシルエットは美しいようで、まるで海中に突き刺さったローソクのように見えるという。

このような独特な形状は、長年の風化作用によって形成されたと考えられている。波によって岩が削られ、現在の形になったという。ローソク島の周辺は豊かな生態系が育まれており、さまざまな種類の海鳥や魚が生息しているようだ。

ローソク島

国賀海岸

国賀海岸は、西ノ島町に位置する雄大な自然が広がる海岸である。切り立った断崖絶壁や奇岩が連なり、そのダイナミックな景観を見られる。とくに有名なのが、高さ二五七メートルの「摩天崖《まてんがい》」である。垂直にそびえ立つその姿は圧巻であり、日本一の高さを誇る「海食崖」と言われている。また、アーチ状の岩の架け橋である「通天橋」や、洞窟が連なる「明暗の岩屋」など、見どころが満載である。

国賀海岸は、約六三〇万年前の火山活動と、日本海の波風による侵食作用がつくりだした地形である。こちらも、長い年月をかけて自然がつくりだされた芸術作品と言える。海岸線には遊歩道が整備されているので、散策しながら雄大な自然を満喫することができるし、遊覧船に乗れば、海上から国賀海岸の絶景を眺めることも可能である。

佐々木住宅

国指定重要文化財に指定されており、隠岐最古の木造住宅というのが「佐々木家住宅」である。一八三六（天保七）年に建

佐々木住宅

てられた旧庄屋の民家で、隠岐地方における民家建築の代表的な例として、歴史的・文化的価値の非常に高い建物である。

その特徴はというと、「杉皮葺き石置き屋根」という独特の構造や、三か所に設けられた戸口など、隠岐地方における民家建築の代表という点がよく残っているところである。とくに、L字型となっている鍵のような間取り（鍵屋敷）は隠岐独特のもので、防犯や生活に対する工夫が見て取れる。屋内には、農具、飲食用具、灯火用具など、江戸時代の生活の様子が分かる貴重な民具が数多く展示されている。

白島展望台

隠岐諸島の最北端に位置する白島展望台は、雄大な自然が広がる絶景スポットである。高さ五〇～二〇〇メートルの断崖絶壁が四キロメートルほど続き、その先に広がる水平線と、青く澄んだ日本海が訪れる人を圧倒する。

「白島海岸」と呼ばれるこの地域は国の天然記念物に指定されており、長い年月をかけて、海食作用によって形成された独特の地形が特徴となっている。

白島展望台

それでは、以下において隠岐諸島における自殺に関する保健所の取り組みや見聞きしたことを紹介していくことにするが、まずは隠岐諸島を選んだ理由について説明をしたい。

掲載順が前後して申し訳ないが、隠岐諸島へのインタビュー調査は、本書で取り上げた離島のなかで最後の実施となる。その理由は、今回の研究の中心は「離島の市」であり、本書で取り上げる予定であった調査済みの保健所から「公表不可」という連絡を受けた(市は調査受け入れ自体不可)ため新たに別の島を探す必要が生じ、本書の出版社である新評論の武市さんと地理的条件なども含めて検討した結果、隠岐諸島の渡部正嗣さん（詳細は後述）を紹介していただき、渡部さんから保健所を紹介してもらうという流れとなっている。

図4－2　隠岐諸島自殺者数の推移（居住地）

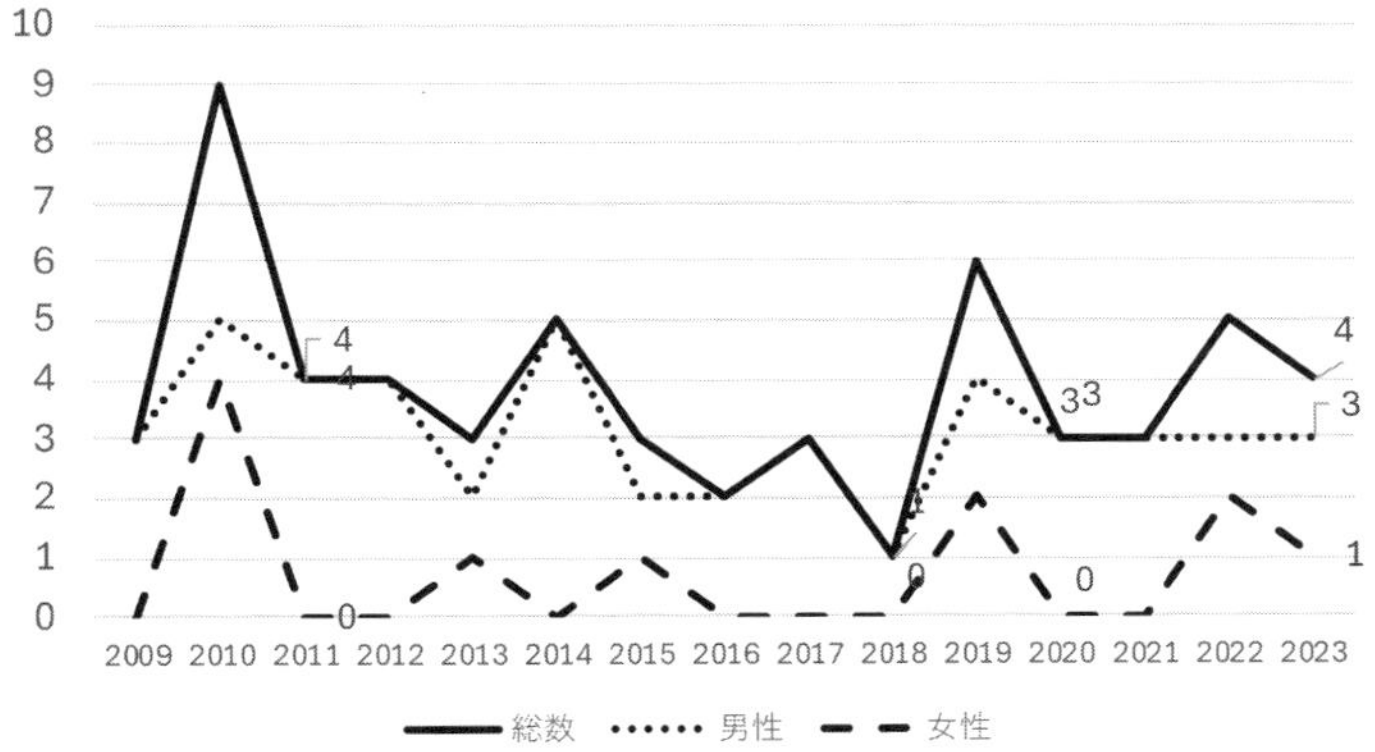

出典：厚生労働省：地域における自殺の基礎資料をもとに筆者作成。

それでは、この島における自殺者の推移を示しておきたい。三町一村で集計したデータを**図4－2**に示した。自殺者数がもっとも多かったのは二〇一〇年で、総数九人（男性五人、女性四人）であった。二〇一四年や二〇一七年などのように、前年よりも自殺者が増加している年もあるが、二〇一八年には一人まで減少している。そして、二〇一九年には新型コロナウイルス感染症以降の影響からか、一気に増加に転じて六人となった。

3　隠岐諸島でのフィールドワークとインタビュー

一日目――大阪への移動と島出身者たちとの飲み会

二〇二四年七月四日、隠岐諸島へ向かって沖縄を出発した。今回は、島後《どうご》にある隠岐の島町でのインタビュー調査である。沖縄からは、伊丹空港経由もしくは出雲空港経由となるが、どちらにしても当日中に隠岐諸島へ行くことができないため、この日は大阪泊とした。伊丹空港に着いたのは一四時頃である。

夕方には親戚と会う予定としていたため、ホテルにチェックインしたあとに仕事をしたり、周囲を散策した。大阪のミナミ、難波界隈だが、二年前に来たときと違ってインバウンドの観光客が多く、日本人、いや大阪人が少ないように感じてしまった。

夕方、親戚の職場へ向かった。親戚は「波名城仁」さんと言い、難波で理容室を経営している。

親戚といっても、私の実家の隣にかつて住み、昔から兄のように慕っていた人である。実は幼いころ、私の自宅に隣人が侵入し、刺傷されるという事件に巻きこまれ、瀕死の重傷を負ったことがある。そのときに助けだしてくれたのが仁さんである。だから、命の恩人でもある。あのとき助けだしてくれなかったら、本書を著すこともなかったかもしれない。

　また、二年前に「宮古島の飲酒法である『オトーリ』（九三ページの**コラム**参照）に対して宮古島出身者がどのような意識をもっているか」という研究をしたとき、大阪在住の宮古島出身者にインタビューやアンケートをお願いしたのだが、そのときも、宮古島出身者が経営する居酒屋をめぐったり、宮古島の出身者を集めてくれたり、アンケートを配ってくれたりと、仁さんには大変お世話になっている。

　仕事が終わった仁さんが、お洒落な焼き鳥屋に連れていってくれた。離島の自殺対策の話を聞くために「隠岐の島に行く」と伝えると、「そうなんや……」と言い、数人の友人を自殺で亡くしている話や、飛び降り自殺があったと思われる宮古島の場所について話してくれた。思わず、自殺は身近な問題であると、改めて感じてしまった。

　お店を出て、二軒目へと向かった。次は「がちまやー」という店で、宮古島出身の大城ひろきさんが経営する居酒屋で、テレビ番組『なるみ・岡村の過ぎるＴＶ』（朝日放送）で歌手のISSA《イッサ》が訪れて取材された店でもある。前述した「オトーリ」のインタビューに協力していただいたこともあって、挨拶に行ったわけである。

約二年ぶりに訪ねたが、覚えていてくれて「久しぶり」と声をかけてくれた。隣には少し泥酔気味のお二人がいて、「沖縄の方ですか？」と声をかけてきた。「宮古島出身で、今日沖縄から来ました」と言うと、嬉しそうに乾杯をし、自分たちも沖縄出身であること、ここに来て時々お酒を飲んでいることを話してくれた。少し話を聞きたかったが、「翌日に仕事がある」とのことで早々に帰られた。

余談であるが、再放送されているＮＨＫ連続ドラマ『ちゅらさん』で、「ゆがふ」というお店に沖縄出身者が仕事終わりに飲みに行くシーンがあったが、今でも同じような光景があると感じてしまった。

仁さんが電話をし、伊良部島の出身者が合流した。この方とも、数年前に仁さんの紹介で一緒に飲んでいる。実はこの方は、私が宮古島市役所で、勤務してい

「がちまやー」で宮古島出身者と

たときの同僚の妹さんであり、お父さんが元市役所職員で私も面識がある。本当に、世間は狭い。

こちらで少し飲んだあと、三軒目は近鉄布施駅にある「垣花家」という居酒屋に行った。ここも、垣花さんという宮古島出身者が経営する居酒屋で、前述したオトーリの研究の際にもお世話になっている。ここでは、沖永良部島出身で、美容室を経営している方が先に飲んでいたので一緒に飲むことになった。少しすると、今度は石垣島出身の年配の方が来店し、宮古島、沖永良部島、石垣島の出身者での宴会となった。きっと、島の人の心の拠り所になっているのだろう。

その席上、今回の研究の内容に加えて、最近私が感じている問題について伝えている。その内容はというと、離島では学校や就職先がかぎられているため、多くの若者が一五歳や一八歳で島を出て本土に移り住み、一人暮らしや寮生活をはじめることについてである。これを「一五の春」とか「一八の春」と呼び、新たな未来へ飛び立つ若者のワンシーン（美談）として報道されることが多いわけだが、若者にとっては、これまで面倒を見てくれた家族や近所の人がいない孤独な生活のはじまりとなる。

私を含めて、この居酒屋にいた全員が、少なからず同じような境遇を経ている。新天地でうまく適応できる人はいいが、適応できない人が当然のようにいるのだ。

以前、いくつかの離島の精神障がい者に関して取り組んだ研究では、本土の仕事や学校などでメンタルヘルスの悪化を感じ、戻ってきたという人が多くいた。また、統計上は、島を離れると

「島内での自殺」として計上されないために若者の自殺者は少なくなっているが、最近、インタビューしたある離島の自治体では、本土で若者が自殺し、そのことを聞いた友人も自殺、さらに別の友人も自殺する可能性が高いという話を聞いている。

このようなことについて話すと、沖永良部島の方が次のように話された。

「そうかー。もしかしたら、大きな夢をもっていないということも関係しているかもしれないな。俺は、世界一の美容室にしたいと思っている。大変なこともあったけど、何とか頑張ってきている。大きな夢がないと、少しのことで躓いたりするんじゃないかなー」

さらに続けて、次のように話された。

「『二二の春問題』もあるのかもしれん。家族は一所懸命育てて、大金払って本土での生活をさせて、大学の費用を払って、『やっと二二歳になった』と社会に出た途端、躓いたり、自殺すると家族もきついよなー。俺は、ここで頑張って成功することが親孝行だと思っている」

どちらかというと私は、これまで本人のメンタルヘルスや自殺予防に意識が向きがちであった。確かに、離島から本土に送りだす際には多くの出費がある。また、大きな期待をもって送りだしたにもかかわらず、躓いたり、自殺という結果になってしまったら家族にとっても辛い。

このような話をしながら、「沖永良部島の役場の知り合いを紹介するから、研究したいことややりたいことがあったら言ってな」と言ってくれた。

夜中の二時になって、ようやく宴会がお開きとなった。店の外に出ると、近くでお店を経営している女性が通り、「私は石垣島よー」と言って帰っていった。どうやら、ここには人と人を支えあうネットワークがあるようだ。

仁さんがホテルの近くまで送ってくれた。別れ際、「また、来るときは連絡しれよ（「してね」という意味）。美味しい物食べさせるからよ」と言ってくれた。

【COLUMN】オトーリ

「オトーリ」とは、宮古島で行われる飲酒の風習である。起源については「航海の安全と大願成就を祈願し、神々に捧げた神酒を一族で回し飲みした」説（ぷからすゆうの会『おとーり宮古の飲酒法』パレット企画、2005年）や「琉球王国時代の首里城の正月儀礼にも類似した酒宴の作法」説（萩尾俊章『泡盛をめぐる沖縄の酒文化誌』ボーダーインク、2022年）、「オトーリは復帰前後に始まった、ごく最近の飲み方であって古くはない」説（仲宗根「沖縄タイムス」2023年1月15日付記事）など諸説あるが、手順としては以下のとおりである。

親がグラスに酒を注ぎ、口上を述べたあと、グラスの酒を飲み干す。このあと、親はグラスに酒を注いで、そのグラスを一人ひとりに順序よく差し上げる。会場（酒座）にいる全員がひととおり終わったら、親は最後に終わった人から酒を注いでもらう。親はそのグラスを持って、協力に感謝を申し上げるとともに「○○さんにつなぎます」と言ってグラスの酒を飲み干す。以下、宴などが続くかぎり親を代えて延々と続けられる。

オトーリを通じてコミュニケーションを図ったり、話す力や聞く力をつけるといった効果もある。

まったくの余談だが、私の妹が「ティンクティンク」というユニット名で沖縄県内において音楽活動をしている。その妹から、「県外でポスター貼ってくれる場所ないかな」と言われたので、「仁にーにー（沖縄では、年上の男性のことを「にーにー」と言う）にお願いしてみたら」と答えると、厚かましくも仁さんにお願いしたようだ。すぐさま仁さんが手配をし、今回私が伺った「ガチマヤー」や「垣花家」をはじめとして、現在、宮古島出身者が経営する多くの居酒屋にポスターが貼られている。妹が電話をすると、みんな「大阪にライブしに来いよー」と言ってくれたようだ。

それぞれ、出身地が違っても、島を出て頑張ろうとする姿にはやはり共感してしまう。

二日目——隠岐諸島への移動とインタビュー

前述したように、隠岐諸島は「島前《どうぜん》」と「島後《どうご》」で構成されているわけだが、今回行くのは「島後」の隠岐の島町となる。「伊丹‐隠岐間」は一日一便のみで、その便に乗り遅れたら確実にアウトである。何と言っても午前二時まで飲んでいたため、起きれるかと心配ではあったが、何とか伊丹空港に着くことができた。保安検査場を通って飛行機に搭乗すると、ほぼ満席であった。それにしても、年配のグループが多かった。

着陸寸前、「強風のため……」という機内アナウンスが流れた。八丈島のこともあって（第5

章参照）嫌な予感がしたが、少し機体が揺れながらも無事に着陸することができた。

空港から中心部までのバスもほぼ満席で、年配のグループから観光に関する話が聞こえてきた。どうやら、島後から船で島前に向かうようである。アクセスの説明のところでも書いたが、隠岐の島は本土からのアクセスが難しい離島である。島後には「伊丹空港 - 隠岐空港間」、「出雲空港 - 隠岐空港間」といった航空便はあるが、島前に行くとなると船のみとなる。本州側の船の発着場として「七類港」と「境港」があり、事前に調べておかないとまちがってしまうことになる。

一二時過ぎに隠岐の島町の中心部に到着した。竹島に関する看板が印象的である。前述したように、竹島は隠岐の島町の所属となっている。

竹島の看板

インタビューまで時間があるので、近くの喫茶店のようなところで昼食を食べることにした。店内に入ると、観光客があまり来ないのか「えっ？」とびっくりされ、店員さんに「飛行機が着陸できてよかったねー」と言われた。話を聞くと、強風のときには引き返すこともあるようだ。

メニューを見ると、エビフライ定食、魚フライ定食の下に「バイフライ定食」と書いてあった。「バイフライ?・」と店員さんに尋ねると、「バイフライ、貝です」と言われたような気がしたが、早口でうまく聞き取れなかった。よく分からないが、とりあえず頼むことにした。

食べてみると、やはり貝で、歯ごたえがあってとても美味しかった。あとで検索してみたところ「バイ貝」という貝で、隠岐の島の特産品のようである。貝好きの人は、ぜひご賞味いただきたい。

約束の一六時まで時間があったので、中心地を散策しながら時間を過ごした。ブラブラしていると図書館のあることが分かり、向かうことにした。とてもきれいな図書館で、無料(一〇〇円を入れて、使用後戻るタイプ)のコインロッカーやWi-Fiまで整備されていた。

郷土資料のコーナーに行くと、「竹島」に関する資料が多くあった。そのなかでも『竹島・北方領土問題を考える』中学

隠岐の島町立図書館

生作文コンクール・入賞作文集」に目を惹かれてしまった。それを見ていると、竹島に関する教育が行われていることが分かる。思わず、バス乗り場にあった竹島の看板を思い出してしまった。竹島は、ここでは身近な問題なのだ。宮古島出身の私からすると、尖閣諸島と同じ感覚なのかもしれない（石垣島の人のほうが私よりもっと身近ではあるが）。

一六時前になったので、隠岐保健所に向かった。ここでは、部長と課長から丁寧な対応してもらった。担当者が別の島で勤務しているとのことで、オンラインでインタビューを行うことになった。インタビューに協力いただいたのは、担当者一名（保健師）と上司（課長）である。以下においてインタビューの内容を紹介していくが、お二人とも公務員のため名前は記載しないことにする。

まず、隠岐圏域内の自殺数の収集や把握状況などについて質問をした。

私　圏域内における自殺者の把握状況について教えてください。

保健所職員　圏域内の自殺者の把握状況については、基本的には人口動態統計から集計しています。年に一回、隠岐圏域自死予防対策連絡会を開催しており、その会議のなかで、圏域、県、全国の自殺者数について報告しています。

私　データは、どのような形で収集されていますか？　また、年間の、圏域における自殺者数は何人ぐらいでしょうか？

保健所職員　小規模なのでばらつきがありますが、四町村合計で令和三（二〇二一）年は三件、令和四年は五件でした。数年間の数字を見ると、大体二件から、一番多いときで六件です。

隠岐諸島四町村で、年間二件から六件の自殺がある。島前《どうぜん》、島後《どうご》と離れている圏域において、自殺者はどのように把握されているのだろうか。それが気になり、自殺者の把握状況について質問した。

私　どういう方が、どこで亡くなったのかということについては把握できていますか？

保健所職員　町村規模にもよりますが、たとえば隠岐の島町だと人口が約一万人と多くなるので、察知するのが難しいかもしれません。今私が住んでいる町ですと、人口が少ないので地域のなかで情報として入ってくることはありますが、保健所の保健師だから耳に入ってくるということではなく、住民として入ってきていると思います。

これは、とても貴重な情報である。つまり、「保健所の保健師」という立場ではなく「住民」として情報が入ってくるということである。島外から通勤で来ないかぎり、「保健所職員」はそこに住んでいる「住民」でもある。住民同士のつながりを改めて感じた瞬間である。
次の質問は、島外からの自殺者についてである。

私　島外から来て、自殺をされる方はいますか？

保健所職員　自殺未遂で、警察官から連絡が来ることはこれまでにもありました。

件数は少ないとのことであったが、外からの自殺志願者もいることを知ったとともに、島外からの自殺未遂者への対応も保健所職員がすることの大変さを感じてしまった。

次は、町村との連携である。少し補足しておこう。前章でも述べたとおり、保健所は県の管轄であり、圏域単位で市町村との広域的なとりまとめや支援を行っている。一般的に職員は、数年ごとに県内を異動していくことになる。

私　町村の保健師さんとの連携はありますか？

保健所職員　はい。町村の保健師さんのほうが情報は入りやすいので、保健師さんから状況を聞くこともあります。

前章でも説明したように、地域によっては保健所と市町村の関係性が悪いところもある。幸いにも、隠岐諸島では保健所と町村が連携しているとのことであった。

次の質問は、圏域内の自殺対策についてである。

私　それでは、自殺対策の取り組みについて教えていただけますか？

保健所職員　先ほど説明しました「隠岐圏域自死予防対策連絡会」のなかで、各町村の取り組みと保健所の取り組みを提示し、関係者のみなさんに報告をしています。昨年度の主な取り組みとしては、「自死予防対策連絡会」などの圏域会議の開催や、ゲートキーパー養成研修を要望に応じて実施しています。あと、働き盛り世代を対象としたセミナーを毎年保健所で開催しています。昨年度は、メンタルヘルスに焦点を当てた研修会をさせてもらいました。

①圏域の関係者の会議、②ゲートキーパーの養成研修、③働き盛り世代へのセミナー、という三つの柱で取り組んでいた。①については先に聞いたので、②と③について詳しくうかがうことにした。

私　ゲートキーパー養成研修は、どのような内容になっていますか？

保健所職員　ゲートキーパー養成研修は、基礎研修とスキルアップ研修とに分けて実施しています。基礎研修では、基本的なメンタルヘルスの対策やセルフケアについてお話をさせてもらっています。スキルアップ研修のほうは、いわゆるゲートキーパーとしての役割、そして、「気づいてつなげる」という役割を強調して伝えています。昨年度は、基礎研修を一回、スキルアップ研修を二回実施しています。

私　島前《どうぜん》、島後《どうご》のどちらで実施されたんですか？

保健所職員　要望に応じて実施しています。昨年度の基礎研修は西ノ島町（島前）で実施しました。また、スキルアップ研修を隠岐の島町（島後）で実施しました。

私　どのようなところから依頼がありますか？

保健所職員　町村や事業所（企業）さんからの依頼があります。

「基礎研修」と「スキルアップ研修」という二段階でゲートキーパー養成を行っているとのことである。住民と接することの多い町村職員や地元の企業などが受講することで、悩んだり、希死念慮がある住民を早めに発見し、つなげることが可能になる。

移住政策を取り入れている島前について尋ねてみた。

私　島前《どうぜん》というと、移住政策を積極的に取り組んでいるというイメージですが、移住されてくる方も、自殺予防などの話をするときには熱心に聞いてくれるものでしょうか。

保健所職員　「大人の島留学制度」という制度があって、移住者が増えています。そのなかで、「メンタルヘルスに関する不調があったときの支援はどうしたらいいのか」みたいな話題が挙がっています。自殺対策という感じではなくて、メンタルヘルスの観点で、という感じです。

住民歴が浅く、地域の情報が分かりにくい移住者にとっては、自殺予防といってもなかなか敷居が高いと感じたので、メンタルヘルスの不調という視点での切り口は効果的であろう。

次の質問は「働き盛りの健康づくりセミナー」についてである。全国的にも働き盛り世代の自殺者の割合が高くなっているわけだが、相談窓口につながりづらい状況となっているので、アプローチが課題となっている。

私　次は、働き盛りの健康づくりセミナーについて教えてください。

保健所職員　壮年期を対象とした健康づくりセミナーを、隠岐保健所で年一回開催しています。テーマはいろいろで、たとえば生活習慣病予防や血圧の管理、タバコ・お酒が身体に及ぼす影響についてなどの講演をしています。昨年度はメンタルヘルスについての内容で、ハイブリッド形式で開催したのですが、スタッフを含めて約五〇名の参加がありました。

働き盛り世代のアプローチについて、「健康づくり」という視点でメンタルヘルスの内容を取り入れるというのは、受講する側からしても入りやすいと言える。

回答にあった、飲酒についても質問をしてみた。飲酒後の自殺が多いと言われているし、多量飲酒は健康問題や経済問題などにも影響を及ぼす。また、「健康問題」や「経済問題」は自殺理由の上位に位置しているため、自殺との関連が深いと思ったからである。

私　隠岐では、飲酒量は多いのですか?

保健所職員　多量飲酒割合は高いです。集まりが多いので、必然的に飲む機会も多くなります。地元の伝統的な取り組み（相撲）やお祭りがとても活発なんです。

私　どのようなお祭りですか?

保健所職員　地区にある神社のお祭りなんですが、基本的に男性陣が御輿を担ぐんですけど、御輿を担ぐ人たちをもてなすというスタンスで、御輿を担ぎながら意気投合した人たちと家々を回って飲むということがあります。そのほか、島後《どうご》には古典相撲があります。毎年やるものではなく、お祝いのときにやっています。人が集まる機会が多いと、やはり飲む機会が増えてしまいます。

私　となると、多量飲酒者が結構おられるのですか？

保健所職員　保健所に相談として挙がってくるケースを考えると、やはり一定数おられますし、何と言ってもお酒に寛容な地域なので、「やめてるんだよ」っていうのが周囲には分かってもらいにくいようです。そういう意味では、断酒や節酒がしにくい環境であるかもしれないですね。ちなみに、断酒会が隠岐の島町にあります。

隠岐では、集まる機会やお祭りで多量飲酒になる可能性が高いことが分かった。多くの離島でも多量飲酒という問題はあるし、私の生まれた宮古島でも、先に述べたように「オトーリ」という飲み方があり、多量飲酒の要因となっている。しかし、その一方で、「飲みニケショーン」と言われるように、お酒を飲んでコミュニケーションを円滑にし、つながりを深めるという利点もある。身体を壊したり、アルコール依存症になるというリスクも抱えている「お酒文化」が長きにわたって継承されている離島では、「お酒を断る」ことや「断酒」することが難しいということである。

続いて、保健所職員が「ポピュレーションアプローチ」について説明してくれた。ポピュレーションアプローチとは、集団全体に働きかけ、健康障がいへのリスク因子の低下を図る方法であり、公衆衛生の分野においては重要なアプローチとされている。

保健所職員　例年、九月の「自殺予防週間」と三月の「自殺予防月間」のときにはポピュレーションアプローチをしています。九月のときは、街頭キャンペーンを隠岐の島町内にあるショッピングセンターの入り口のところで行い、チラシとグッズを配りました。この取り組みは、健康づくり活動の一環としても実施しており、「隠岐圏域の健康長寿しまね推進会議」と連動して行っています。

「隠岐圏域健康長寿しまね推進会議」は、官民が一緒になって健康づくり活動に取り組むという組織で、さまざまな団体と一緒に活動しています。そのなかの一つの部会に「わくわく部会」というものがありまして、自殺対策担当も参画しています。九月の街頭キャンペーンでは、「わくわく部会」のみなさんと一緒に啓発活動を行いましたし、三月の自殺予防月間には、圏域内の高校三年生を対象にチラシとグッズを配布させてもらいました。圏域内には高校までしかないので、大学への進学や就職のために地元を離れる子どもが多いわけですが、どこに行ってもいいように、島根県だけじゃなくて全国の相談窓口や厚生労働省が出しているチラシなども一緒に入れて啓発をさせてもらっています。

私　ほとんどの若い人が島から出ていきますか？

保健所職員　そうですね。大半の子どもは、進学や就職などで島から出ていかれますし、島前《どうぜん》高校には「島留学」という取り組みがあって全国から生徒が来ておられるので、それらの人は、卒業後は地元に帰られると聞いています。

一年のうち自殺者数が増加するのは九月と三月であり、九月は「自殺予防週間」、三月は「自殺予防月間」と定められている。全国さまざまなところで、保健所や自治体などが自殺予防のための取り組みを実施しているが、隠岐圏域では民間団体と連携して、官民が一緒になって活動しているところが非常によいと言える。また、卒業後に多くの若者が島を離れる際の取り組みは、とても重要なことである。

次の質問は、自死遺族に対する支援である。つながりの強い離島においては自死遺族支援が難しく、私が行った調査でも、自死遺族支援が課題として挙がってくる場合が多い。

私　自死遺族に対する支援はされていますか？

保健所職員　遺族支援については、遺族というよりは、個別支援を行うなかで遺族になられたり、ご家族がメンタルの不調があって相談に来られた場合に、遺族支援を兼ねて支援しているというのが現状です。

私　コミュニティの狭さから、相談がしづらいということはありますか？

保健所職員　コミュニティがかぎられているので、よりかかわりの多い町村の保健師さんにはなかなか言いにくいところがあるかもしれません。保健所は県の組織で、転勤などもあることから、相談しやすい部分があるかもしれません。遺族支援についてですが、昨年は、遺族の方のパネル展示を西ノ島町の図書館で実施させてもらいました。「自死遺族の会」の代表さんと一緒に相談をしながら、昨年度の九月に二週間ぐらい実施しました。

私　どのようなパネルを提示されたんですか？

保健所職員　主には、遺族の声のパネルです。「自死遺族の会」が遺族への想いを綴った冊子をつくられているので、その冊子を置きました。また、図書館とタイアップだったので、メンタルヘルスに関する図書なども展示しました。

市町村の職員だと身近すぎるため、「相談しにくい」というのは、たびたび言われることである。それゆえ、転勤のある保健所職員に住民が相談するというのには、ハードルが下がるという利点があるようだ。また、パネル展を通して自死遺族が向きあったり、改めて感じることもあるだろう。図書館で実施されたということなので、一般の住民が学ぶ機会ともなる。

私　最後に、圏域における課題について教えていただけますか？

保健所職員　圏域の自殺死亡率に関しては、増減が激しいので傾向として捉えにくいという、分かりにくさがあると思います。ただ、単年では見れないけれども、一〇年間の数字を見てみると、男性が多いという傾向は全国と同じように出てきますし、六〇歳以上の高齢の男性や働き盛りの男性の自死が比較的多いことはデータでも示されています。

かぎられたマンパワー、社会資源のため、関係機関が連携しながら取り組んでいくことが大事だということは、毎年、確認をさせてもらっています。隠岐圏域の課題に対して、予防的に年代別にどのように取り組むのか、鬱やアルコール依存症などのハイリスク者へのアプローチをどうするのか、そして未遂者への支援や残された人の支援みたいなことを圏域のなかでも考えているところです。それらのことを事業計画に落としていくという形で、今、展開しているところです。

私　相談者は多いですか？

保健所職員　病院、町村、保健所と密に連携していて、「自死が心配だね」と言うよりは、「この人、調子が悪そうだから、次の受診まで待てないので、地域で保健師のフォローを入れようか」という相談は必要時にさせてもらっています。隠岐の島町には、精神科病床が隠岐病院にあるので常勤の精神科医の先生がおられますけど、島前《どうぜん》の三町村については出張診療となるので、町村によりますが、週に一回または月に一回というペースになります。それに、出張診療は一泊二日となるので、もし先生がいない間に何かあったときには、我々、ここにいるスタッフが対応するという形でやっていますので、重症化予防がこのうえなく大事となります。

一七時過ぎまで、とても親切に対応していただいた。隠岐保健所のインタビューから、かぎられたマンパワーや社会資源のなかで、しかも多くの離島を担当するという点において、各関係機関と連携し、早期に介入することの大事さを改めて確認した。

隠岐保健所を出ると、渡部さんが迎えに来られていた。初めてお目にかかったこともあり、挨拶とともに今日の御礼をしながらホテルまで送っていただいた。少し休憩したあと、再度渡部さんに迎えに来てもらい、会食場へと向かった。

さて、渡部正嗣さんの経歴を紹介すると以下のとおりとなる（渡部さんのホームページを参考）。

一九六五年生まれ、島根県松江市の出身で、大学卒業後に島根県公立中学校の教員として採用される。オーストラリアへの派遣、島根県教育庁指導課、教育センター指導主事、隠岐教育事務所企画幹を経て、二〇二一年より隠岐の島町都万中学校の校長となった。そのほかにも、中教審外国語ワーキンググループ委員や学習指導要領執筆委員、英語教科書執筆委員なども歴任されたという、いわゆる教育界のエリートである。

そんなエリート街道を渡り歩いてきた渡部さん、二〇二四年三月、定年前に校長を退職し、「オンライン不登校サポートカゼマチ」(https://note.com/kazemachi2024/n/n3c4da7729512)を起業している。

渡部さんに連れていってもらった寿司屋はとても繁盛していた。事前に、渡部さんがコース料理を頼んでくれていたようで、ウニなどの海産物や串揚げ、そして寿司まで、見たこともないほど豪華なものばかりでとても美味しかった。そんな美味しい料理に舌鼓を打ちながら、渡部さんの話を必死でメモにとっていった。

そのメモから渡部さんのこれまでを振り返ると、以下のようになる。

ウニやサザエなどの海産物

渡部さんは昔から英語が好きで、外語大学を目指していたが、ある先生との出会い（嫌いな先生）が教員の道を目指すきっかけになったそうだ。五年間、海士町で勤務したのち、オーストラリアへ三年間派遣されたという。オーストラリアでは、一五時には仕事が終わり、休日も家族サービスなど自分の時間がもてる環境であったようだ。子どもたちも、ルールに縛られることなく自由であったという。

オーストラリアから帰国後、隠岐の島で勤務し、一年が経つころには日本での教育に慣れてしまい、「泣いてでもやらせる」といった、自分が嫌いだった教員と同じ指導方法を取っていたという。そのような状況下において、娘さんが不登校になって学校に行かなくなった。言うまでもなく、娘さんと向きあうことになった。

娘さんのほうも、自分の環境探しをはじめ、宮古島のフリースクールやニュージーランドでのホームステイなどを経験したのち、関西の一流大学へ進学している。そして、大手企業への就職も果たし、現在は幸せに暮らしているという。

渡部さんは、娘さんとの対峙がきっかけとなり、不

渡部さんと筆者（左）

登校でも幸せになれることは可能であり、「このままの学校教育でいいのだろうか」という疑問をもつことになった。実際、教育委員会の立場からさまざまな学校を見ていると、子どもたちがつまらなそうに授業を受けている様子ばかりが目に入ってきたという。

その後、校長となり、さまざまな改革に取り組んできた。たとえば、校則である。根拠の示せない校則はなくした。また、有給休暇の取り方にも取り組んでいる。これまでは、複数人の上司にそれぞれ理由を説明し、承認を受けないと休めなかったが、パソコンで申請するだけで休めるというシステムに変えている。

パソコンで有給申請をするというのは今や一般的であるが、学校では、いまだに上司に説明し、承認を受けないと休めないという話を聞いて正直びっくりしてしまった。

このような改革をしてきたわけだが、ほかの学校ではやはり過去の教育観が抜けず、変化が見られない。学校教育の限界を感じた渡部さん、「自分でやろう」と決意して、校長を退職したわけである。

かなり省略させていただいたが、これがおおよその内容である。

渡部さんが、「波名城さんが研究している自殺との関係についてだけど……」と切りだし、三五年間の教員生活のなかで七人の教え子を亡くし、そのうち四人が自殺していることを話してくれた。本土で美容師として頑張った教え子や、公務員として住民のために働いてきた教え子が亡くなったことを私に伝えながら、次のように話された。

「僕は『頑張れ！』という教育をずっとしてきたけど、その先には明るい未来があるとはかぎらない。頑張っても報われないこともある。苦しくなったときにどのように生きるのか、それが大事なんじゃないかと思う。だから、『頑張れ！』という教育をしてきた自分にも責任がある」

反応できなかった私を見て、渡部さんが言葉を続けた。

「不登校の子どもは、周りの目があるから家でじっとしている。せっかく学校に行かないんだから、家でじっとしているのではなく、本を読んでもいいし、絵を描いてもいい。好きなことをすることが必要で、昼間の時間におれる安心な場所をたくさんつくっていきたい」

現在、学校に行かない子どもたちを受け入れ、昼間におれる場所を提供するなど、応援してくれる方々へステッカーを送付するプロジェクトを行っている。また、不登校の親子を対象にした「風待ちキャンプ」を毎年実施しており、二〇二四年には北海道からも参加者があったほか、ボランティアの学生が多く集まっているという。

「キャンプでは、地元の人も手伝ってくれるんです」と、渡部さんは話してくれた。

私のなかで、これまで「学校」は「行って当たり前のこと」であった。しかし、渡部さんの話をうかがったことで、「なぜ、学校に行かなければならないのか」という点について考えたことがない、と気づいた。

渡部さんが話されるように、「勉強」するだけであればオンラインでもできる。学校に通う意義や楽しみを見いだしていない子どもたちからすると、「通いたくない」と思うことは当たり前である。しかし、世間一般的には、「通わない」ことは「いけないこと」となっている。そのような雰囲気を感じてしまう子どもたち、家の中で引きこもってしまうのかもしれない。

言われるように、「頑張った先に結果がある人生」はほとんどなく、年齢を重ねるうちにどこかで諦めたり、妥協していくものであろう。あるいは、命を絶ってしまうかもしれない……。そう思うと、「生きるための教育」が重要になる。

翌日は、レンタカーを借りて島内のフィールドワークをする日としていた。隠岐の島町は、昔ながらの街並みなどがある一方で、島内にフリー Wi-Fi スポットが二〇か所以上あったり、カーシェアや無人レンタカーなどもあり、ほかの離島に比べるとかなり進んでいる。今回、初めてカーシェアを借りて島内を回ることにした。

指定された場所へ行き、スマートフォンでロックを開け、車内に設置された鍵置き場から鍵を取ると受付が開始され、あとはレンタカーのように使用するだけである。しかも、一一時から二三時五五分までで基本料金は三〇〇〇円。ガソリンを満タンにして返す必要はなく、ガソリン代は一〇キロごとに一五〇円が請求されるという仕組みになっている。

車に乗ってまず向かったのは「佐々木家住宅」である。佐々木家住宅は、一八三六年に建設された国指定重要文化財である。約六〇〇人の労力をかけて造られたようだが、今日までほぼ改造されていない。隠岐最古の木造住宅で、屋敷内には同家に伝わる民具が展示されている。

近くまで行ったが、受付の人がいなかったので（もしかしたら、見えなかっただけかもしれないが）、私は中には入らずに外観の写真だけを撮って帰ってしまった。ぜひ、中も見学されるといいだろう（八五ページの写真参照）。

次に訪れたのは、島後最北端に位置する「白島展望台」である。白島海岸の小島の一つである沖ノ島はオオミズナギドリの繁殖地で、国内で指定を受けているところが五か所あるそうだ。広がるパノラマの大絶景はとても気持ちが落ち着く。この展望台には、竹島、尖閣諸島、国後島までの距離を記した標識が立っており、竹島は一六一キロ、国後島が一三六六キロ、尖閣諸島が一五〇三キロとなっていた。

車を走らせていると、「水木しげるのゆかりの地」という看板が目に入った。『ゲゲゲの鬼太郎』の生みの親である水木しげる（一九二二～二〇一五）のルー

竹島、尖閣諸島、国後島を指す標識

ツは、隠岐の島町とされているようだ。看板の近くにはアマビエが鎮座していた。

お昼過ぎとなったので、昼食をと思って探すと、地魚と手打ちうどんのお店を発見した。少し離れていたため時間的にはギリギリだったが、とりあえず向かうことにした。集落のなかにあるお店で、車を停めて探したが見つからない。もう一度検索してみると、口コミに「民家のように見えるので探すのに苦労した」と書かれていたので、改めて探してみると、民家のなかに看板が出ていた。

店の中に入ると、食事のピークが去ったあとのようで、数名のお客だけが残っていた。私が地魚を注文しようとすると、先に来たお客さんに対して、「波が荒くて魚はありません」と店員が説明していた。「え？」と思い、周りを見渡すと、うどんと天ぷららしきものを食べている。「天ぷらの盛り合わせしかないようだ」

水木しげるゆかりの地を示す看板

鎮座するアマビエ

と思い、サザエご飯とともに頼むことにした。

サザエご飯はすぐに運ばれてきたが、天ぷらの盛り合わせが来ない。やっと来たか、と思いきや、隣の若いカップルの分だった。なんと、ご飯を食べ終えてダラダラと話していると思われた数組のグループは、みんな、天ぷらの盛り合わせ待ちだった。

二〇分ほどして、やっと私の分が運ばれてきた。お世辞にも美味しそうな盛り付けとは言えないが、これで八八〇円はかなりお得である。残していたサザエご飯と一緒に食べたが、とても美味しかった。

会計時、店のおばちゃんから「サザエ、堅かったでしょ?」と聞かれので、「美味しかったですよ」と返しつつ沖縄から来たという話をすると、「沖縄から! そんな遠くからよく来られましたね」と話してくれた。沖縄出身というだけで話のきっかけになるので、こういうときはありがたい。美味しい天ぷらが食べられるので、ぜひ行ってみてほしい。

昼食後、「久見竹島歴史館」へと向かった。竹島に関する住民の証言や資料の収集を目的とした資料館であり、無料で見学ができる。私は、どうしてもここに来たかった。なぜなら、前述したように、沖縄にも尖閣諸島という問題があるからだ。

館内に入ると担当の方が出てきて、「どうぞ」と案内してくれた。「説明しましょうか?」と言われたので、せっかくなので「お願いします」と返事をして説明を受けた。担当の方は、写真を見せながら、アシカが捕れたこと、海上保安庁の護衛付きで漁をしたことなどを説明してくれた。韓国人も見学に来られるそうで、以前、韓国のマスコミが取材に来て対応したところ、韓国の新聞において「ウソの情報がある」という記事が出たと話してくれた。尖閣諸島もそうだが、領土問題というのは非常に難しい。

宮古島から来たという話をすると、同じ離島住民ということもあって話が弾んだ。個人情報になるので詳細は避けるが、大手企業に入社し、世界を飛び回ったお子さんや教員になったお子さんがいらっしゃるようで、本当に嬉しそうに話をされていた。

そんな話を聞きながら、大阪で沖永良部島の方が話していた内容、「島外で頑張っている姿を見せるのが親孝行になると思っている」という話を思い出した。子どもたちの活躍が元気の源になっているのかもしれない。

久見竹島歴史館

久見竹島歴史館を出ると、隠岐の島にも温泉があることが分かった。温泉好きの私としては、「これは入るしかない」と思い、すぐさま温泉に向かった。「隠岐温泉GOKA」という温泉で、コメントを見ると泉質もいいようだ。受付に行って入浴料を払うと、「一〇〇円で水着を貸し出していて、打たせ湯のある混浴エリアに入れますよ」と言うので、少し悩んだが借りることとした。

時間的には三〇分ぐらいしかいなかったが、泉質はとてもよかった。ちなみに、混浴エリアにも行ってみたが、誰もいなかった。

旅館に戻りながら、せっかくなので神社に参るかと思って「玉若酢命神社《たまわかすみことじんじゃ》」（八三ページ参照）に行った。歴史の知識が乏しい私が偶然に行った神社だが、あとで島民に聞くと「有名な神社」だという。ネットで調べると、「大化の改新以前には億伎国造が設置された際に、玉若酢命神社宮司家である億岐家が国造家であったと考えられている」と記載されていた。地元の方には申し訳ないが、歴史的な神社に行けてよかった、

隠岐温泉ＧＯＫＡ

と単純に思ってしまった。

少しだけ言い訳をすると、沖縄は琉球神道であるため「御嶽《うたき》」に参るというのが一般的で、実際、神社よりはるかに多い。

車の返却まで時間があったので、先に旅館にチェックインした。とても気さくな旅館の人が、丁寧に部屋まで案内してくれた。夕食付きプランにしていたこともあり、三〇分後に「夕食が準備できました」という連絡が入った。夕食は、刺身やサザエ、イカなど、とても豪華なもので美味しかった。

ひとり旅だと、こんなときに美味しさを分かちあう人がいないので寂しい気持ちになる。奥の広間では、「先生」と呼ばれる人物を囲み、三人ぐらいが語りあっていた。とても羨ましい。

一九時頃、食事を終えると何にもやることがない。レンタカーは今日中に返せばいいのでまだ時間はあるが、寝過ごすと大変なことになるので早めにレンタカーを返しに行った。所定の位置に戻して、スマートフォンで鍵を閉めたらそれで返却終了である。いやはや、便利なシステムである。

一時間ぐらいブラブラしたが、人もいないし、やることもない。ネットで検索してみると、バ

玉若酢命神社

ーが数軒あることが分かった。人見知りなので、これまで一人でバーに行ったことはない。しかし、情報収集のためと思い、意を決して一軒のバーに入った。客は誰もおらず、マスターがスマートフォンで動画を見ていた。

「何にしますか？」とマスターに聞かれたが、メニューがない。一人でなくてもバーに行ったことがほとんどない私、「島のお酒を使ったカクテルで」と、観光客丸出しのオーダーをしてしまった。すると、隠岐の八朔でつくられたリキュールを使ったカクテルをつくってくれた。これが、とても美味しかった。

観光客と分かったこと、そして誰もいなかったこともあって、マスターが観光の話をしだした。SNSで、島の観光地を写した写真などをよく見ているらしい。

一〇分ぐらいしたら常連らしき夫婦が来店し、マスターと話しはじめた。その後、島内で働いていると思われる女性二人組が来店し、ほぼ満席となった。ちょうど真ん中に座っていたため、間に挟まれた私は、マスターからもらった神社のマップを何度も見て、時を過ごすしかなかった。

一時間ほど経つと夫婦が帰り、私も帰ろうかとすると年配の男性が入ってきた。思わず乾杯してしまったこともあり、もう一杯だけ飲むことにした。しばらくすると女性の二人組が帰ったので、チャンスだと思って質問をした。もちろん、自殺予防の研究を説明したうえでのことである。

私　四〇代から五〇代の男性の自殺が多く、居酒屋やバーなどで、お酒を飲みながら相談や弱音を吐くようなイメージがあるのですが、どうですか？

この質問については、私が市役所で自殺対策をしていたときの経験や、これまで訪問した離島でも同様のことがあったので、ある意味「そうですね」を期待した質問であった。しかし、バーのマスターは次のように答えた。

マスター　昔はたくさんの飲食店や飲み屋があって、そういうのもあったかもしれないけど、今は九時過ぎには閉まってしまうから、四〇代、五〇代の人たちが一人で飲みに行くところはないんじゃないか。そういう人たちは、できるだけ知り合いと顔を合わせたくないのかもしれんし。

意表を突かれた気がした。これまでさんざん言ってきた「コミュニティの狭さゆえの相談の難しさ」がここにもあったのだ。私がこの質問をしてきた離島は大規模なところが多く、早く閉まったり、飲み屋がかちあう可能性が低かったのかもしれない。お店がかぎられると、そこにも行けなくなってしまうのだ。

今日、この話がなかったら、ずっと気づかなかったかもしれない。改めて、住民目線の自殺予防対策の大事さを痛感してしまった。

マスター　俺、最近、戻ってきたばかりだから……あなたが宿泊しているところのオーナーが詳しいかもしれないから聞いてみたら。多くの人が観光で来てんねんけど、船や飛行機が着いたら、バスで迎えて観光して、そのままホテルで夕ご飯を食べるというパターンで、ホテルが囲いこみをしてんねん。ホテルで完結するから、外に食べに行かへん。この通り、ほとんど人が歩いてなかったやろ。

すると、もう一人のお客さんがこう話してくれた。

お客　私、今回は仕事で来ましたけど、実は数十年前まで隠岐に住んでいました。昔はスナックとか飲み屋たくさんあったもんな。ここの人は、仲良くなったらトコトンで、よく「飯食いに来い」って連絡があって、迎えに来たこともあったよ。

人口の減少と観光客の囲いこみで地域の居酒屋などが下火になる。どんどん閉店していくという現実を感じてしまった。このような話をしていると、あっという間に閉店時間となった。

「それでは、またいつか」と言って帰ろうとすると、そのお客さんが、「あなたの宿まで歩いたら結構かかるでしょう。家内が迎えに来るから、宿まで送ってあげるよ」と言ってくれたので、遠慮なく宿まで送ってもらった。

別れ際、「また、どこかでお会いしましょう」と言おうとすると、「もう会うことはないかもしれないけど、お元気で」と声をかけてくれた。


翌日、チェックアウトのときにオーナーに尋ねようと思い、「〇〇というところの人からうかがったのですが……」と言うと、「あーあ、何かの研究で来たの?」と聞かれたので、「離島における自殺の研究で来たんです」と返すと、「離島は多いっていうもんなぁ」という返事であった。もう少し話を聞こうと思ったが、ちょうどほかのチェックアウトのお客が来て、聞きそびれてしまった。

失敗したなぁーと思いながら歩いていると、宿泊費のポイント割引がされていなかったことに気づいたので、宿泊先に戻った。「割引してなくてすみません」と言いながらオーナーが出てきたので、「さっきの話をもう少しうかがいたいのですが……」と言うと、快く了解してくれた。

オーナー　だいぶ前だけど、旅行者が自殺しに来たこともあるよ。島前《どうぜん》に○○（場所が特定されないように名前を伏せる）という自殺の名所があって、『獄門島』（東宝、一九七七年）という映画のロケで使われた場所があるの。実際に飛ぶことはできないから、撮影では人形を投げたらしいんだけど、その人形を回収しに行ったら白骨死体があったという話がある。あそこは、崖になっているんだけど、実はえぐれていて、下は陸地になっているんだ。

この話を聞いたとき、三段壁（和歌山県）で聞いた話を思い出した。つまり、そのまま海に落ちた場合は生き残る可能性もあるが、陸地などでバウンドした場合は死ぬ確立が高まるのだ。

オーナーが話を続けた。

オーナー　島後《どうご》にも○○（場所が特定されないように名前は伏せる）というところがあって、だいぶ前だけど、そこを歩いている人がいて、「おかしい」と思った俺の親戚が声をかけて拾ったことがある。そのあとで、「ここで降ろしてくれ」と言うから降ろしたら、その先の材木加工所で首を吊って死んだということがあった。材木加工所で自殺されたから材木とかが使えなくなって、社長が激怒していた。

見知らぬ土地で死にたくて自殺したのかもしれないが、自分の土地で自殺された社長からすれば迷惑な話である。

私　実際に住んでいて、どのように感じますか？

オーナー　島の人は生活が苦しいから自殺すると思う。つい数日前も、身内が自殺している。高齢の親の面倒を見ていて、本人も病気になったようで……、七〇代で亡くなったのがショックだった。高齢の親を施設に入れたかったようだが……。お金がある人は本土の施設に入れるが、お金がない人は島内の施設に入れるしかない。隠岐の島には安い料金で入れる施設がなく、前に聞いた話だと、「二〇〇人以上が待機している」と言っていた。

高齢となった親の介護問題ということも浮き彫りになった。自宅で介護をすることが難しくなり、入所させたくても施設が少ないところでは、在宅で自分が面倒を見る以外にない。たぶん、大変な思いをされていたのだろう。

オーナーが話を続ける。

オーナー　学生のころにも、何人かの友人が本土で自殺している。首を吊った友達は、恋愛苦や生活苦だったと聞いた。気持ちが強い子は島に帰れたりするけど、弱い子は帰ることもできない。

正直なところ、聞けてよかったと思っている。私が考えていて、疑問になっていたことに対して答えてくれたような気がした。帰り際、「今日の内容を研究成果として公表してもいいですか?」と尋ねたところ、「いいよ」と返してくれた。

宿を後にして、隠岐ユネスコ世界ジオパークに向かった。実は、数年前に宮城県の「栗駒山麓ジオパーク」から助成を受けてユニバーサルツーリズムの研究をしていたので興味があったのだ。「隠岐自然館」は有料だが、隠岐の自然や文化が学べるので、自然好きな方はぜひ行ってみてほしい。

予定していた用事が終わったので、本土に渡ること

隠岐自然館の入口

にした。一二時発か一五時発の船便があり、一二時発は島前《どうぜん》の二か所の港に立ち寄り、一五時発は島前には寄らずそのまま本土の港に向かうという。一二時発は二か所に寄るため一五時便よりも到着が遅くなる。

チケットを購入するとき、「一五時便のほうが早く着くが」と窓口の人に言われたが、天気も悪くなり、やることもないし、港の写真も撮りたかったので、一二時の便で帰ることにした。

一一時半頃、西郷港に船が入港すると多くの観光客が降りてきた。レンタカーに乗ったり、レストランに入ったりと、観光客の一端を見ることができた。また、部活の大会から戻ってきたと思われる子どもたちが多く、同じ色の服を着た保護者が子どもたちの帰りを喜んでいた。そんな港の光景を見ながら、ふと目を転じると、水木しげる関連なのだろう、鬼太郎とネズミ小僧のモニュメントがあった。

一二時前に乗船がはじまった。私の前では、教師と生徒が乗船待ちをしていた。それぞれ別の用事で乗るようだ。生徒は

鬼太郎とネズミ小僧のモニュメント

「島前で一週間実習する」と話していたが、海士町で一度船を乗り換える必要があるようで、見送りに来た保護者が不安だと話していたら、横にいた教師が「私が乗り場まで連れていきますよ」と言い、保護者は感謝していた。

付き添っていけない保護者としては、教師が途中まで引率してくれることに安堵しただろう。教師と生徒であったとしても、同じ島民として生活するうえにおいては、仕事外でもつながりが継続しているように感じられる。

船が出港した。いつの間にか寝てしまい、起きたら海士町に到着していた。先ほどの教師が、生徒を連れて降りていった。そして、周りを見ると、私以外の全員が下船していた。船員は、私が降りそびれたと思って慌てて戻ってきたが、七類港まで行くことを伝えると、「変わったやつだな」と言わんばかりの顔で去っていった。

下船もできないとのことで、私は二時間、船の中で待機することになった。幸い、ネットが通じることや電源もあったため、

乗船した船

海士町の港

今回の旅の記録をしているとあっという間に二時間が過ぎてしまった。

二時間後、再び乗船がはじまった。海士町は、島のブランディングに成功したことでとても有名な島である。港もお洒落で、多くの観光客で賑わっている。その観光客が乗船してきた。

出港後も旅の記録をしようと思っていたが、波が高く、船の揺れがすごかったため三〇分で断念した。周りと見ると、島民と思われる乗客までが気分を悪そうにしていたので、特別な状態だったのかもしれない。船は西ノ島に寄港したあと、二時間かけて七類港にたどり着いた。

七類港には多くの車が停まっていた。渡部さんも「港に車を停めている」と言っていたので、島民の車も多いのだろう。以前に行った新潟県の粟島《あわしま》でも、本土の港に車を置いていると言っていたので、島民

七類港《しちるいこう》

の多くは二台所有していることになる。経済面での負担を心配してしまう。

七類港から、約四〇分かけて松江駅に到着した。翌日には松江での仕事があり、今回の旅はここまでとなる。アクセスについて補足すると、出雲空港から伊丹空港へ乗り継ぎ、沖縄に戻ることになる。

今回の隠岐諸島の調査では、事前に大阪でさまざまな離島の方と交流できたほか、隠岐諸島では、圏域を管轄する隠岐保健所の取り組みや、中学校の校長を退職し、不登校支援をされている渡部さんの話や島民の話まで、行政、教育、地域といった視点からうかがうことができた。

中、小規模な離島では社会資源がかぎられており、それだけにメンタルヘルスへの早期介入が必要であると考えられており、保健所と町村の連携や官民一体となった取り組みを行う形、つまり「チーム」として地域住民を支えていると感じられた。

また、産業という視点で見ていくと、衰退している飲食店などの話から、「収入」という点における生活の困難さも考えられる。そして、かぎられた飲食店しかないと、弱音を吐ける場所もない。「相談しやすい場所づくり」という点や、今後の若者の育成において、「生きるための力」を養う教育が重要であると改めて感じてしまった。

第5章　東京都八丈島

1　八丈島の歴史

東京都の南方に位置する八丈島、豊かな自然と独自の文化をもつ島として知られている。その歴史は古く、縄文時代から人が住んでいた形跡があるほか、火山活動や流刑地としての歴史、そして独自の文化を育んできたという歴史が複雑に絡みあっているところでもある。

島内に残る「湯浜遺跡」や「倉輪遺跡」からは、縄文時代早期からの土器や石器などが発掘されており、南方との交流を示す遺物も発見されている。言うまでもなく、八丈島が古くからほかの地域とつながっていたことを示す重要な証拠となる。

時代劇などでは「流刑の地」としてよく登場する八丈島、実際、江戸時代には宇喜多秀家（一五七二～一六五五）が公式史上初の流人として配流されたことをはじめとして数多くの流人が送られ、島独自の文化に大きな影響を与えてきた。流人たちは島に文化や技術をもたらし、それが八丈島の文化形成に深くかかわってきたのである。

火山活動と島の形成においては、度重なる噴火によって形成された独特の地形が八丈島の自然環境を特徴づけている。一六〇六年の噴火では、海底噴火によって新しい島が誕生したという記録も残っている。要するに、八丈島の地形は、長い年月にわたる火山活動によって形成されてきたものだということだ。

明治維新後、東京府に編入されて近代化が進んだ八丈島だが、近年では豊かな自然を生かした観光地としての開発が進んでおり、多くの観光客が訪れるようになっている。何といっても大都市東京都に属する離島ゆえ、多くの方にとって訪れやすい島となっている。

2　八丈島の概要とアクセス

美しい自然や豊かな海、歴史的な観光スポットで有名な八丈島の面積は六九・一一平方キロメートルである（**図5－1**参照）。行政単位は八丈町のみの構成となっており、町のホームページによると、人口は六七九五人（二〇二四年四月）、高齢化率は四〇・二パーセントとなっている。

東京都心から八丈町へのアクセスとしては、飛行機と船がある。飛行機では、「羽田空港－八丈島空港間」が定期就航しており、一日三便、片道約五五分で八丈島に到着する。一方、船のほうは、東京・竹芝桟橋から一日一往復の定期便が出ており、片道約一一時間で底土港または八重根港に着く。

　東京都心からもっとも近くて、アクセスがいい離島であることから、東京都民にかぎらず、全国から羽田空港などを経由して旅行者が訪れているようだ。とくに船の場合、飛行機より値段がかなり安くなるため、若者を中心としたニーズが高くなっている。

　二〇一九年の来島者は一二万二七九九人であったが、二〇二〇年には新型コロナウイルス感染症の影響で六万五三七七人まで減少した（「はちじょう二〇二一」東京都八丈町要覧参照）。手許に二〇二〇年までの統計しかないため、はっきりとした数字は分からないが、「全国旅行支援」や「都内観光促進事業（もっとTokyo）」

図5−1　八丈島

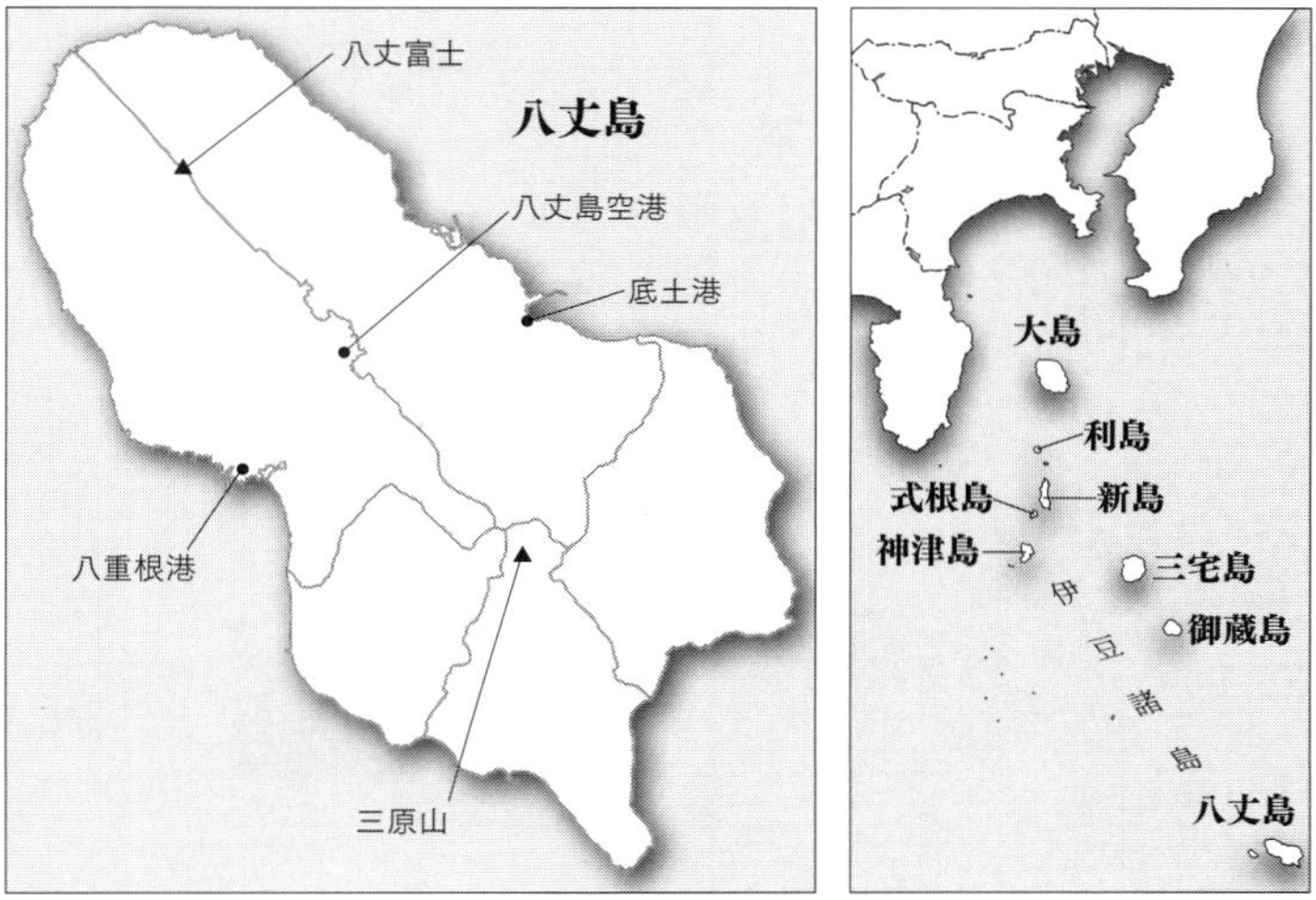

などの観光需要喚起施策や大手旅行会社が旅行クーポンを発行しているので、観光客は増加していると思われる。

まずは、主要な観光名所などについて簡単に紹介しておこう。ただし、私はそのすべてをめぐったわけではない。以下の説明は、地元の観光ガイドブックなどを参照していることをお断りしておく。

八丈富士

八丈島の最高峰（八五四・三メートル）で、富士山のような円錐形をしていることから「八丈富士」という名前がついたらしい。登山やハイキングが楽しめ、山頂からは八丈島の美しい景色が眺められる。

二〇一七年に訪れた際の記憶では、約一時間で頂上まで登っている。途中に見えるきれいな海、また登頂するとダイナミックな火口付近が見れるという楽しい登山ルートである。故郷の宮古島には登山するほどの山がないので、私にとって

八丈島観光ガイドブック

は初めての山登りとなったので大変な思いもしたが、このときに見た雄大なる景色は今でも記憶に残っている。

ふれあい牧場

八丈富士の麓に「ふれあい牧場」がある。夏休みなどには売店が開き、牛を眺めながらアイスなどを食べることができる。私が訪れたときの感想については後述する。

温泉

八丈島には温泉施設が七か所もある（現在、一か所休業中）。絶景の露天風呂温泉、檜造りの心地よい温泉、秘境の佇まいといった温泉、一八〇度オーシャンビューの足湯温泉など、それぞれ趣の違った温泉が楽しめる。しかも、すべてが町営のため、無料もしくは安価（三〇〇円～五〇〇円）で入浴することができるのでうれしい。もちろん、町民もよく利用している。

ふれあい牧場

私は、樫立向里温泉「ふれあいの湯」と末吉温泉「みはらしの湯」に入浴している。前者は、八丈島の杉や檜を使用した建物となっており、大浴槽と露天風呂があり、町民と思われる人もよく利用する、とても過ごしやすい温泉であった。一方、後者は、大露天風呂と内風呂の展望風呂が有名なようで、多くの観光客がよく利用しているという。

運がよければ露天風呂からクジラを見れると聞いていたので楽しみにしていたところ、運よく、私もクジラの勇姿を確認することができた。

ふれあいの湯

ホエールウォッチング

一一月下旬から四月上旬までは、船上から「ホエールウォッチング」が体験できるようだ。ザトウクジラ、オキゴンドウ、ミナミハンドウイルカなどが八丈島の近海に回遊してくるという。私は日程の都合で体験できなかったが、船上から見るクジラ、興味のある人はぜひ体験していただきたい。

玉石垣・ふるさと村

かつて流人《るにん》（流罪となった人）が玉石を運び、積みあげて造ったという玉石垣が残る大里地区には「玉石垣・ふるさと村」がある。ここには、伝統工法で民家を修理し、母屋や馬小屋、高倉、閑所（トイレ）が移築保存されている。大里地区の玉石垣は、規模・保存状態ともに最良のもので、一日の糧を得るために流人たちが海岸から一つ一つ運び、丹念に積みあげて築いたものである。景観の美しさだけでなく、八丈島の歴史をひもとく際にも貴重な資料とされている。

ふるさと村には行けなかったが、大里地区の玉石垣は見ることができた。集落一帯の石垣が玉石垣でできており、路地を歩きながら、初めて見る玉石垣を前にしたときに、これをどのようにして一つ一つ丸くしたのか、それとも丸い石を集めたのかと、不思議な思いがした。このときの感想については後述する。

この島を訪れた理由も「自殺者」に関する調査・研究のためである。以下で、そのときの様子や自治体の取り組みを紹介し

玉石垣

ていくわけだが、まず八丈町を選んだ理由について説明しておこう。

八丈島には、二〇一七年、精神障がい者の地域支援に関する研究で一度訪れたことがある。そのときは自殺対策を専門にしていなかったため、あまり深くは考えていなかったが、離島における自殺対策の研究をはじめると、周辺の離島に比べて自殺者が多いことが分かり、インタビューしたいと考えるようになった。そこで、八丈島役場の元職員に相談したところ、職員Aさんを紹介してくれたので今回の調査が可能となった。

八丈島における自殺者の推移を**図5－2**に示した。自殺者数がもっとも多かったのは二〇一一年で、総数一一人（男性八人、女性三人）であった。二〇一四年までは減少傾向にあったが、二〇一五年には再び増加して一一人（男性一〇人、女性一

図5－2　八丈町自殺者数の推移（居住地）

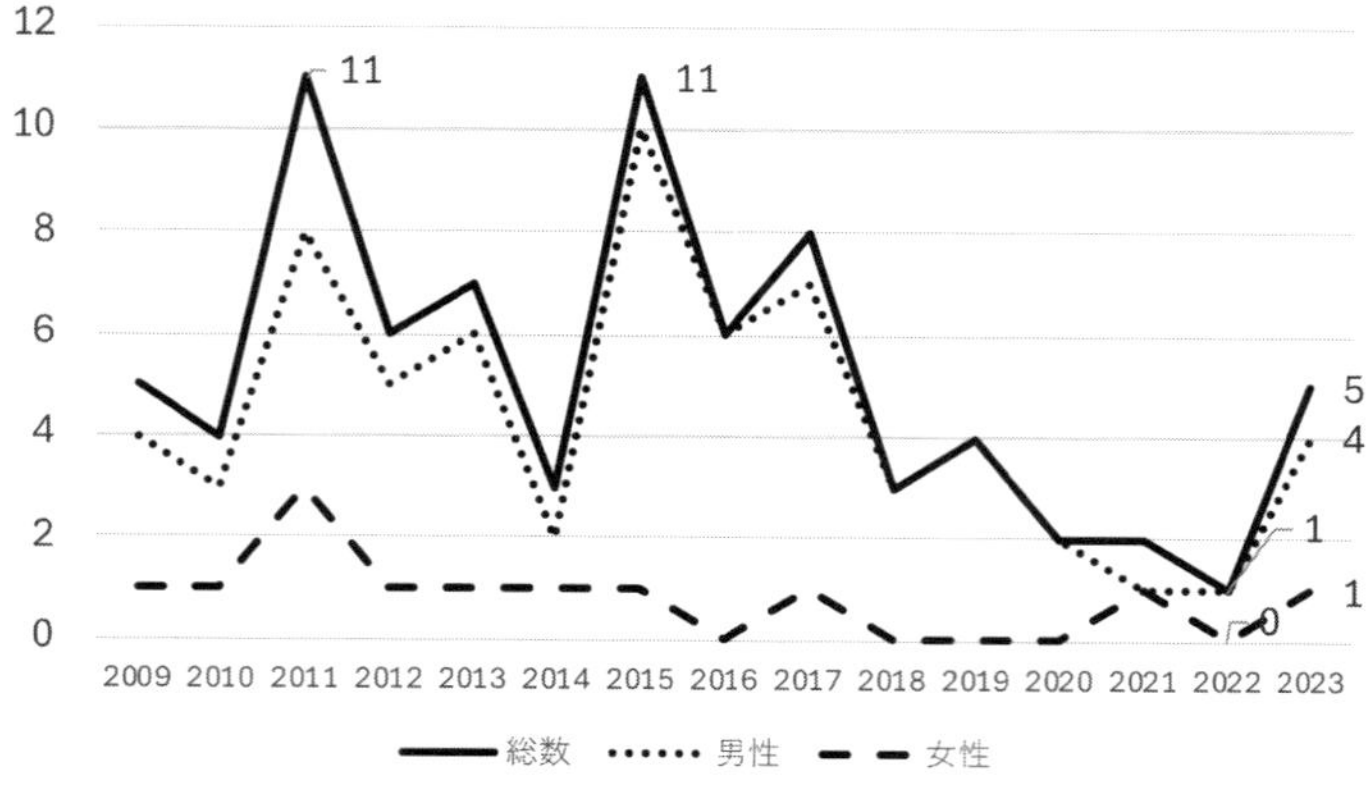

出典：厚生労働省：地域における自殺の基礎資料をもとに筆者作成。

人）となった。二〇一六年以降は、増減しつつも減少していたが、二〇二三年の自殺者は増加し、五人（男性四人、女性一人）となっている。八丈島では、二〇〇九年から二〇二三年までに七八人が自殺しているわけだが、男性が六六人と女性より多くなっている。

3　八丈島でのフィールドワークとインタビュー

一日目——八丈島へ上陸できず

八丈島はほかの離島に比べるとアクセスがよく、沖縄からでも、当日中に着くことが可能である。私は那覇空港から羽田空港へ向かい、航空会社を乗り換えて八丈島へ向かうという予定を組んだ。

二〇二四年一月一五日、昼の便で羽田空港へ向かった。条件付き運行となっていたが、遅れながらも、なんとか羽田空港の第一ターミナルに到着した。乗り換え時間が四〇分しかないため、急いで第二ターミナルへ向かった。すると、「羽田空港‐八丈島間」もまさかの条件付き運行となっていた。「何とか着陸はできるだろう……」と高をくくっていた。

ほぼ定刻に離陸し、約一時間で八丈島が見えてきた。「さぁ到着だ！」と、機内で今日の夕食も決め、「焼酎でも飲むか」と考えていたところで、一度目の着陸に失敗した。強風のために着陸できなかったようで、機長から「二度目の着陸を試みます」というアナウンスが入った。

「着陸できますように」と祈ったが、また失敗。続いて三度目、四度目、「まさか……」と思っていると「着陸困難と判断し、羽田空港へ引き返します」というアナウンスが入り、羽田空港に引き返すことになった。

こんなことは初めてである。二〇二三年に対馬に行ったときも欠航になったが、そのときは飛ぶことなくの欠航であった。飛ばないで欠航ということはたまにあったわけだが、目の前で引き返されると、なんだか寂しい気持ちになる。

しかし、そんなことは言っておられない。羽田空港に戻ると二〇時を過ぎることになる。機内で慌ててホテルを探すと、某大手ホテルに空きがあったので慌てて予約した。これで、今日の宿は確保できた。役所へのインタビューも翌日であるため、慌てることはない。もちろん、八丈島のホテルにはキャンセルの連絡を入れた。「減泊対応します」とのことで、こちらもひと安心。

急きょ泊まることになったホテルまでは羽田空港からシャトルバスが出ているとのことなので、シャトルバスを探したが、それが「どこにいるのか分からない」。よく考えたら、羽田空港を利用するときには乗り継ぎか、すぐに電車に乗ってしまうため、この空港の構造を知らなかった。

バスの発車まであと三分となり、「これはやばい！」と思いながら迷路みたいな羽田空港を走り回り、やっとシャトルバスを見つけて乗りこんだ。「とりあえず早くチェックイン」と思い、バスがホテルに到着するとともにチェックイン機で手続きをすると、「該当しません」という表示。

フロントで確認すると、「予約されていません」という返事。そんなはずはないと思いながら改めてホテルを確認すると、「羽田」ではなく「蒲田」であった。

「蒲田ってどこ?」と呆然としたが、恥知らずのパワーで、「蒲田から羽田に変更できないですか? 飛行機が欠航しちゃって、辛いというか悲しいというか……」と泣き落とし作戦を試みた。なんと、フロントの人は迷惑そうな顔をするどころか、「できるか分からないですが、交渉してみますね」と言って対応をしてくれ、幸いにも変更してもらうことができた。しかも、「無料で部屋をアップグレードできますが、しますか?」とまで言ってくれた。きっと、田舎者の疲労感が伝わり、可哀想だと思ったのであろう。

ありがたくチェックインをし、仕事のメールを片づけ、「明日こそは」と願いながら就寝した。

二日目――八丈島到着と役場でのインタビュー

役場でのインタビューは一〇時からだったので、朝七時半の便に乗れば間にあうと思い、五時起床を目指した。こういうときは、緊張しすぎているために一時間おきに目が覚める。結果としては時間どおりに起きれているが、さすがに眠い。シャワーを浴びて眠気を覚まし、六時からはじまる朝食会場の前に、一番に並んだ。

遅くとも、六時四〇分のシャトルバスに乗らなければならない。一〇分で朝食を終え、フロントへ行くと、大手航空会社のCAらしき人もチェックアウトしていた。早めのシャトルバスがあるのかもしれないと思ってホテルの人に聞いたら、「六時一五分がある」と言う。部屋に急いで戻り、荷物を取ってバスに乗る。「CAさん、早く乗らないとバスが出発するぞ」と心の中で思っていたらバスが出発した。どうやら、彼女たちはタクシーで行くようだ。なんだか、無料シャトルバスに急いで乗った自分を侘しく思ってしまった。

六時四〇分に羽田空港ターミナルに到着。今日は快晴、これは行けるぞ！

空港のトイレで歯磨きをし、悠々と搭乗口へ。飛行機までの機内バスは、私と同じく昨日行けなかった人と、今日の予約をしている人でギュウギュウであった。そして、飛行機に乗りこんだあと、無事に飛んでくれた。機内で一度爆睡したあと、これまでに書いてきた論文やインタビューガイド（聞きたいこと）を見直しながら、窓から見える青空の写真を撮った。

八丈島が見えてきた。あれ？　曇っている……。さぁ、着陸だ！

空港に飛行機が近づく。風にあおられたのか、機内が傾いた。昨日よりやばいような……再び加速して上空へと向かう。

「強風のため着陸できませんでした」という機内アナウンス。

「え！　また？」

もう一回はチャレンジするだろうと思っていたが、その五分後、「着陸できる見込みがないので羽田空港へ引き返します」というアナウンス。これで終わった……。

羽田空港に戻り、CAさんに尋ねると、「たぶん、二便も厳しいでしょうね」と言われたが、二便にかけることにした。沖縄に帰る便は翌日の二〇時発なので、翌日まで粘って、「日帰り」の覚悟までした。同じように戻ってきた人たちが次便を予約するので、カウンターでは席取り合戦がはじまったが、比較的大きい飛行機であったため、ギリギリで予約できた。

機内から見た八丈島

待つこと二時間弱、一一時四〇分に「条件付き運行」が放送された。飛行機は満席、ツアー客の姿も見られた。隣の席の乗客も私と同じく三回目のフライトのようで、話を聞くと、かつて五日間も帰れなかったことがあるらしい。隣の乗客が、「二便の操縦士は腕があるらしいよ」と言う。そのあとに流れた機内アナウンスを聞くと、これまでとは違って安心感があるような気がしてくる。

羽田空港を離陸し、八丈島が近づく。強風が吹いているのだろう、機体が揺れる。これはやばい……また戻るのかと思いきや、そのまま滑走路に突っこんで着陸した。隣の乗客が、「ね、言ったとおりでしょ！」とつぶやいた。そして、機内に拍手が鳴り響いた。

全乗客にとって、悲願の着陸であった。もちろん私も、疲労感よりもうれしさのほうが勝った。「拍手が鳴り響いたのを初めて聞いた」と言う声に反応するように、隣の客が「きっと、空港でも拍手してるさ」と言った。確かに、飛行機が来なければ帰れない人もいるのだ。

まるで、パニック映画のワンシーンかのような体験、離島に行くからこそできる。

ロビーに着くと、レンタカー会社のスタッフが待っており、「着陸してよかったですね」と声をかけてくれた。レンタカー会社に向かう途中、この人が観光のことをいろいろ尋ねてきたが、私が何も知らないことに違和感を覚えたようで、「もしかして、仕事ですか？」と聞かれた。

八丈空港からの風景

私　はい。自殺対策の研究で来ました。

スタッフ　あー、八丈島は多いんですよね。外から来る人もいて、数年前はレンタカー内で自殺した人もいるみたいです。ですので、私は、三原山に行く人には、「ずっと動かないでいると、自殺と思われて声をかけられますよ」と伝えています。

さらに聞いていると、かつて、廃墟ホテルでも自殺があったらしい。下調べをせずに八丈島に来ている私を見て、不思議に思われたのかもしれない。

レンタカーを借り、そのまま八丈町役場に向かった。五年前、精神科医療福祉支援体制の研究で訪れて以来である。担当課に向かい、担当者に会うことができた。すぐさま、「無事に着陸できてよかったですね」と声をかけてくれた。

日程調整に来たことを伝えると、「今からでもいいですよ」と対応してくれることになった。準備を待つ間、役場のなかを見学すると（かつて市役所職員だったので、役場の構造などに興味がある）、前回来たときには障害福祉事業所が営業しているレストランがあったはずだが、新型コロナの影響なのか撤退していた。

一〇分後、担当職員と同席してくれた課長に向かって研究の概要をひとしきり説明したあと、インタビューをはじめた。以下でその内容を紹介していくが、みなさん公務員のため名前は記載しないことにする。また、「課長」と記載すると特定される可能性があるため、「職員A、B」と表記する。

まず行ったのは、自殺の状況に関する質問である。職員Aが、資料を手渡しながら八丈町の自殺者の概要について説明してくれた。

職員A　自殺者の多くが島に住んでいる人たちで、以前は自殺者数が多いという時期がありました。この規模で、年に一一人は多かったかと思います。ちょっと調べてみたところ、ここ三年間ぐらいは、東京都とか全国とかと同じようなところまで落ちていますので、「それまでがあまりにも高かった」という状況です。高かったときに何があったのかまでは分からないですが……。

私　自殺者が大きく減少した要因はありますか？

職員A　私が来てから一〇年ですが、やっていることはあまり変わっていないんです。島に「ゲートキーパーの会」というのがあって、その方たちが活動しています。歴代の自殺対策の担当者は、その会に顔を出させてもらったり、町で活動費用を助成したりしています。会員数は二〇名弱ぐらいだと思います。

八丈町役場

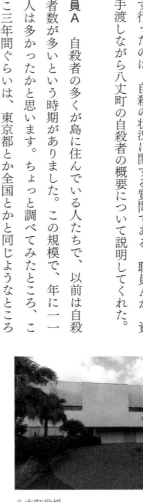

民間の団体で「ゲートキーパーの会」という組織があり、自殺予防に取り組んでいるようだ。ということは、自殺対策に熱心に取り組んでいることになる。となると、どこまで把握しているのかが気になる。

私　自殺者の年代別内訳など、どこまで把握していますか？

職員Ａ　ここ近年は、一〇代や三〇代などの若い人が増えてきました。一〇年前は七〇代、八〇代の人が多かったのですが、その年代のピークは過ぎたんではないかと思っています。とはいえ、これだけ亡くなっている人がいると、その知人とか肉親にあたる人が身近におり、行き詰ったときに「自殺」という選択肢が浮かんできたのだろうと推察しています。

島の人に、「身近に自殺で亡くなった方はいますか？」と聞くと、結構出てくると思います。本当の原因は分からなくて、遺族支援もやっていません。自殺の基礎資料に現れる「動機」は、八丈の規模ぐらいだと公表資料も黒塗りで分からないので、ホントのところは何が理由なのか分かっていないので、確定的なことは言えませんが。

厚生労働省の自殺の基礎資料では自治体ごとの自殺者数や年代、動機などが公表されているが、規模の小さい市町村では「動機」が示されていないことも多い。

私　八丈町の自殺者の把握について、どこまで可能なのですか？

職員A　とくにそれを追求していないので……風の噂でしか分からないです。

職員B　町役場で分かるのは死亡届が出たときですので、病院で亡くなられたりするとこちらに死亡届が出ますが、亡くなって何日か経ってから見つかったりすると、検視のために警察が持っていってしまうんですよね。それで、内地で死亡届が出されると、町役場には詳しい死因が入りません。向こうの自治体が死亡届を受けて、「死亡届が出ましたよ」という通知が届くだけです。

死亡届を出すのはご遺族の方ですので、わざわざ八丈島まで来られない方もいらっしゃいます。検視が終わったあとに島で葬式をする人はこちらに届けを出しますが、ご遺体が向こうに運ばれて、向こうで火葬する場合は島には出ないんです。

職員A　回覧で訃報を回していますが、死因までは書いていませんので、「年齢が若いけど、どうした？」と周りに聞いて分かるぐらいです。掴んでいるとしたら、保健所や警察ぐらいだと思います。

今回、保健所にはインタビュー調査を断られてしまったため、これについて確認することはできなかったが、役場では状況把握が難しいということは分かった。レンタカー会社の人が「この島では多いんですよね」と言っているぐらいだから、町役場としてもその対策に取り組んでいるはずだ。そこで、自殺対策計画について質問してみた。

職員A　なかなか自殺対策計画自体ができていなくて、そこからやらないといけないとはずっと思っているのですが、日々の忙しさで、そのままになってしまっています。四年前から、「こうやって動かしたい」と思って自殺対策計画のたたき台まではつくったのですが、最終的には出し切れていないという感じです。

職員Aは、多くの業務を兼務しながら自殺対策も担当していると話しながら、自殺対策計画ができていないことを申し訳なさそうに語ってくれた。

次の質問は、実際に取り組んでいる自殺対策事業に関してである。

私　それでは、八丈町で取り組んでいる自殺対策について教えてください。

職員A　外から精神保健福祉センターの先生に来てもらい、年に一回は講演をしていただいています。また、役場の職員と一般住民に対して、ゲートキーパーの養成もやっています。

私　そうですか。では、ハイリスク者への支援についてはどのようにされていますか？

職員A　自殺企図者の支援をするために病院に運ばれたとき、相談につながるようなカードを保健所がつくっていて、病院で渡してもらっています。精神障がい分野だと保健所が担当ですし、自殺企図者から同意が得られたら、病院から保健所か役場に連絡が来るようになっています。

私　島内に精神科はありますか？

職員A　こちらに精神科はないですが、毎週、臨時診療で島外のいくつかの病院が応援に来ています。何かあれば、診療開始前にやり取りをしています。

精神科医療機関が島内にないため、ほかの医療機関からの応援体制ではあるものの、必要があれば事前に医師などとのやり取りはできているようだ。どうやら、ハイリスク者への支援については連絡体制がとられているようである。

次に、島外での自殺者について尋ねてみた。これまでの研究で、島民が住民票を残したまま、出稼ぎや進学などで島外に出て生活をし、自殺に至っている人のデータ集計を行っていたからである。

私　島外から自殺者が来ることはありますか？
職員B　昔はたまにありましたが、最近はないですね。
職員A　わざわざ飛行機や船に乗って、ここで自殺するという話はあまり聞かないですね。
私　今日、レンタカー会社の人に聞いたら、山の上などに時々来ると言っていましたが、どうなんでしょう？
職員B　最近は、ないと思います。東京から船で来る途中、夜中に飛びこんでしまうというケースはあったようです。

ちなみにだが、船から飛びこんで自殺した際には、遺体がたどりついた自治体で計上されることになる。

最後の質問は、自殺対策に関する課題である。

私　課題となっていることを教えてください。
職員A　まずは、何か計画を立ちあげて外に出さないと何もはじまらないよね、と常々思っています。役場内で、対策委員みたいなものを立ちあげないといけないとも思っています。

約一時間半、八丈町役場でインタビューをさせていただいた。担当者一人がほかの業務を兼務しながら自殺予防に取り組む大変さをここでも感じてしまった。インタビュー後、「ゲートキーパーの会を紹介してほしい」と伝えると、担当の人と連絡が取れ次第伝えてくれることになった。

役所を後にし、宿泊するホテルへと向かう途中に「廃墟ホテル」があった。いくつかあるようだが、これだけ大きい廃墟ホテルはあまり見たことがない。この廃墟ホテルを見たとき、私の出身地である宮古島を思い出してしまった。

宮古島は、私が住んでいた一〇年前とは大きく違って今は観光地となり、ホテルの建設ラッシュが続いている。需要があるうちはいいが、いつまでも観光地というわけにはいかないだろう。いつの日か、宮古島もこのような状況になるのではないだろうか、と思ってしまった。

さて、夕食をどうするかと思い、レンタカー会社の人にすすめられた寿司屋に電話をした。離島では飲食店がかぎられてい

廃墟ホテル

るため予約が必要となる。ホテルのスタッフにも、「そのお店人気なので、予約がとれるかどうか……」と言われていた。

ダメもとで電話をしてみると、「一人？　何とか大丈夫ですよ」と予約がとれた。車で一〇分ぐらいのところにある寿司屋に行くと、厳格そうな大将が寿司場に立って作業をしていた。「さっき電話した者ですが……」と言うと、四人掛けの席に案内してくれた。すぐさま、食べたことがない「島寿司」を注文した。

島寿司を食べていると、大将に「もしかして、沖縄の人？」と尋ねられた。「そうです」と返すと、「沖縄っぽい顔してるもんね。私も二年前、沖縄まで知り合いに会いに行ったよ」と会話がはじまり、沖縄の魚や、八丈島と南大東島の文化が似ていることなどについて教

【COLUMN】島寿司

近海で獲れた旬な魚の寿司種を醤油ベースのタレに漬けてヅケにし、シャリはやや甘めの酢飯で握り、ワサビの代わりにカラシを載せてあるのが特徴の郷土料理。八丈島で古くから親しまれてきた伝統の「島寿司」は、遠く海を隔てた日本各地へも伝わっており、南方は小笠原諸島、西方は大東島の大東寿司も八丈島から伝わったとされている。（八丈島観光協会ホームページより）

島寿司

えてもらった。ちなみに、沖縄の大東諸島には、八丈島の出身者が開拓したという歴史がある。

大将　何しに来たの？

私　離島の研究に来ました（敬遠されることもあるので、自殺のことはあまり伝えないことが多い）。

大将　離島の何を研究しているの？

私　えーっと、自殺対策の研究をしています。

大将　そんな研究をしているんだ……。確かに、ここは自殺者が多いよ。

これには、正直びっくりした。私や役場職員ならともかく、島の住民にまで「自殺が多い」という認識があったからである。

大将が「理由は……」と言いながら、小さな声で何かを話しはじめた。「えっ、どういうことですか？」と聞き返すと、大将は「いや、分からなかったらいいから」と言い、ほかのお客が来たこともあってそれ以上話すことはなかった。

島寿司を食べ終えたあと、大将の知り合いだという沖縄の寿司屋を教えてもらってから店を出た。

三日目——「ゲートキーパーの会」へのインタビュー

三日目の朝、九時半ごろに役場の人から「一〇時ごろなら、『ゲートキーパーの会』の方と会える」という連絡が入り、役場で話をうかがうことにした。一〇時前に役場に着くと、テラス席をお借りして、前会長の浅沼研さんと平井園子さんから話をうかがうこととなった。

「ゲートキーパーの会」は、自殺対策を担当していた保健師がゲートキーパー研修受講者に声をかけ、二〇一二年に結成したという。以前は六人程度だったが、現在は民生委員、社会福祉士、床屋、町議、主婦など一八人（三〇代から七〇代まで）が所属しており、二か月に一回というペースで会議を行っているという。平井さんは結成時からのメンバーで、その後、前会長の浅沼さんが入ったようだ。ちなみに、浅沼さんは床屋を経営されている。

まず、浅沼さんが八丈島の現状について話しだした。

浅沼さん（左）と平井さん（右）

浅沼　逆に、狭い地域って多いんだよね。話し相手が少ないから。私は、老人クラブでも会長をやっているんだけど、老人クラブに行っても話し相手がいないもんだから、たまにつかまると永遠に喋っています。そういうことがいっぱいあるね。話し相手になってくれないからと言って、うちにも遊びに来る人がいるよ。何回も来て、同じ話をするんだけど、それがまたいいんだ。「私も行ったことがあるよ」とか、そういう感じ。

私　高齢になって一人暮らしになると、一週間話さない人とか、人との付き合いがなくなるという話を聞いたことがあります。

浅沼　離島は人が少ないからね。人が大勢いたときは付き合いがあってよかったけど……。私、何人も自殺で死なれているから。

私　集落同士が離れていて、家同士が遠いというのも理由なのでしょうか？

浅沼　近いんだけど、年を取ってくるとね。昔はね、毎朝、自分の親しいところに朝早く起きて行って、お茶を飲みながら世間話をしていた。人の噂話をしていたけど、今はほどんどなくなった。出掛けなくなったということもあるし、テレビとかああいうもの（パソコン）が増えてなくなった。一人にさせないために「お茶飲んで話をしようって」と言って、お茶を飲む場所を紹介するんだけど、なかなか仲間に入りきれないんだ。

私　お茶を飲む場所というのは、誰かの家ですか？

浅沼　人の家とか畑とかにみんなで集まって、人の話や悪口を言ったりするという話し合いがいいんですよ。そういうところも、一か所ぐらいしかなくなった。悩みがある人がそこに行って、話して、元気になって仕事ができるようになるんだ

平井　昔は「朝参り」という習慣がありました。朝ご飯の前に、地区によって言い方は違うんですが、うちの地区は確か「朝参り」と言っていたと思います。どこかの家にぼーっと行って、そこでちょっと話をして……何てことないんです。子どもの私が聞いていると、何でこんなことを話してるんだろうと思うようなことを話して帰っていくおじさんがいっぱいいました。

浅沼　うちの店にも、毎日、来る人が何人かいました。毎日来て、五分、一〇分話してから帰るの。そういう人が何人もいたが、今はいなくなった。

私　「朝参り」は習慣になっていたんですね。いつぐらいまであったんですか?

浅沼　だいぶ前だね。明治生まれの人ぐらいかな。一〇〇歳ぐらいの人も大勢来ていた。

平井　(習慣がなくなったのは)テレビが来たころでしょうかね。悩みをもちこむという感じではなく、話をしている、それだけのことでしたね。

浅沼　話をするのがいいんだよね。若い人もそうだよ。子どもでも、声をかけると何かと返してくれるじゃないですか。私が「おーい」と声かけると、子どもから「こんにちは」って声

をかけてくる子どももいる。しかし、そうじゃない人も結構多い。親がそうなっているから、地域とのつながりがなくなってきている。

昔あった「朝参り」という習慣が、テレビの普及（もちろん、普及そのものが問題というわけではないが）とともに外出の機会を減らし、家の中で完結するという生活スタイルに変わってしまった。そして、最近では、不審者という問題なのか、地域の人と子どもや親が会話をする機会がなくなっているようだ。その結果、人と人とのつながりが減少し、孤立していく人たちが生まれている。

近年では、インターネットやSNSの発展にともなって、世界中の人とつながることが可能になっている。その反面、身近な人たちとのコミュニケーションが減ってきている。このような状況について、真剣に考える必要がある。そもそも、ネットだけでつながっている人を信頼してもいいのだろうか。詐欺に遭う人が、年代を問わず増えている現状を見れば、その危うさは分かるだろう。多少なりともお互いに知っている「身近な人」を大切にしていきたい。対峙に勝るコミュニケーション空間はない。

さて、次に「ゲートキーパーの会」を設立した目的について質問してみた。

平井　私は立ちあげからかかわっています。二〇一一年に、八丈町でゲートキーパーの養成講座が開かれたのです。それ以前に、担当していた保健師さんと、八丈島の自殺をどういうふうに防げるだろうかと話していたことがあったのですが、研修後、「こういうグループを立ちあげたいんだけれども、どうでしょうか?」という声がかかったんです。そのときに私も入って、まず私たちが勉強をしなきゃいけないということになり、ルーテル学院大学が開催していた「自殺初期介入スキルワークショップ」の研修会に参加しました。その後、二〇一三年に五名で発足しました。

みんな、同級生が亡くなったりして、八丈島の自殺を憂いていました。私の場合ですが、母親がとても親しくしていた人が突然亡くなったとき、思わず母親を責めてしまいました。当時は高校生でしたが、「何で気がつかないの?」みたいなことを母に言ってしまって、母がすごく困った顔をしていたのを思い出します。

発足時、牧師さんが初代の会長をしてくださって、「ゲートキーパーの会」として初めての講演会をしてくれました。それ以後、年に一回、講演会を開催しています。このときに、フリートークの時間を設けたりしています。

自殺について語るということはタブー視されがちですが、このフリートークのとき、「周りにいるこういう人が死んだけれども、そのとき、自分はどうしたらよかったんだろう」などについて話し合いました。「その話ができてよかった」という声を、アンケートとしてたくさんもらっています。

私　そうですか。講演会を企画するときの予算はどうしていますか？

平井　社会福祉協議会から助成をしていただいています。毎年開催していますが、その都度、申請する必要があります。最初のころは申請額が下りなくて……。わずかな謝礼で八丈島まで講師として来てもらったということもありました。最近は、申請したとおりの金額が出ています。とはいえ、限度額があるので、それ以上は出せないんですが、どうにかやっています。

私　島外から講師を呼ぶと、結構なお金がかかりますよね。

平井　そうですね。午後に開くとすると、午前中に来てもらうことになるわけですが、どう考えても大変なので、やはり宿泊してもらっています。でも、天候のことなんかも考えると、二泊は必要だと思ってお願いをしています。しかし、補助金の申請担当者からは、「これは一泊でできますよ」とよく指摘されています。

思わず、昨日欠航したことについて話してしまった。そして、出身地の宮古島の場合は、飛行機が島の近くまで来て欠航したことはあまりないと話した。

浅沼　風がちょっと横だとダメですね。ここまで来て、羽田に戻って、また乗り換えて。
平井　たくさん乗れて得をしましたね。帰られたら、話題にできますね。あそこ、すごい島なんだよ、って。

そういう考え方もあるか、と感心してしまった。船ではなく飛行機にしてよかったと思える話を聞き、何となく、この二日間のことが楽しい思い出となった。

私　「ゲートキーパーの会」における会議の頻度と内容を教えてください。
平井　二か月に一回開催しています。最近では、リーフレットが古くなっているのでつくり直すことや、来年度の講演会には精神科医の森川すいめいさんに来ていただくことになっているんですが、すいめいさんから「予算があれば、岡檀《まゆみ》さんも一緒に」という提案があったので、その件についても話しました。

二か月に一回の頻度で開催しているという話に思わず「素晴らしい」と思ったが、それ以上に、来年度の講演予定者が森川すいめいさんと岡檀さん（情報・システム研究機構統計数理研究所医療健康データ科学研究センター特任准教授）ということに驚いてしまった。

森川すいめいさんが二〇一六年に出版された『その島の人たちは、ひとの話を聞かない──精神科医、「自殺希少地域」を行く』（青土社）は、まずタイトルにびっくりしたが、フィールドワークを通して住民とかかわった体験を著した内容はとても読みごたえがあった。一方、岡檀《まゆみ》さんは自殺希少地域の研究者で、二〇一三年に出版された『生き心地の良い町──この自殺率の低さには理由がある』（講談社）では、フィールドワークと分析から自殺予防因子を見つけている。自殺対策で有名な二人が講演に来るのであれば私自身も聴きに来たいと思ってしまうぐらい、羨ましい話であった。

平井　街頭では、啓発活動のティッシュ配りもしています。メッセージ付きのポケットティッシュや電話相談カード、そしてリーフレットを配っています。それ以外にも、電話相談の番号が記載されたティッシュが二〇個ぐらい入る「ティッシュボックス」を自分たちでつくって、理容店や美容室、それから飲食店に置いてもらっています。なぜ理容店や美容室なのかというと、長時間にわたって一対一で話をすることになる職業だからです。

浅沼　実際、「仕事をやりたくない」と言う人がいっぱいいます。「もう辞めたい」とか「死にたい」とか言う人がいるんです。私も理容店だから、一生懸命聞いているんですけど、本当にいろんな人がいるんです。「こういう病気があって、やだな」とか、病気に関する悩みをぼんぼん言ってくるんです。

私　飲食店というのは、居酒屋ですか？

平井　ご飯屋さんみたいところですね。単身者の男性が目に留めて、「あれ、なんだこれは？」と思っていただくだけでいいんです。もしかしたら、読まないかもしれないけど……。

浅沼　床屋さんとか、パーマ屋さん（美容院）とか、買い物とか、そこにしか行けない人がいるんです。スーパーにしても、決まったスーパーにしか行けないんです。うちに、半年に一度だけ来る人がいるんですが、その人に「ほかの床屋に行ってみるか」と聞くと、「嫌だ」と言うわけです。

私　床屋さんのことは初めて知りましたし、飲食店っていうのもやはり大事なのかなと感じました。

実は、宮古島市役所で勤務していたとき、自殺対策を一緒に担当していた保健師と話し合って、スナックのお姉さんや居酒屋の店主に対する「ゲートキーパー講習」を計画したことがある。自殺者の多くは中高年の男性であり、弱音を吐くそれらの男性は、居酒屋やスナックで愚痴をこぼしているんじゃないかと思ったからである。

私の実体験からしてそうだし、昨年、調査と研修講師で訪れた奄美大島の居酒屋でも同じような話を聞いている。それゆえ、飲食店ということは何となく分かっていたが、理髪店や美容院もそういう機会になるんだと、感心した。やはり、住民目線でしか分からないことがある。となると、さらに興味が広がる。上記のような取り組みから自殺の可能性がありそうな人を発見した際、どのように、そしてどこにつないでいるのかということである。

私　住民たちにゲートキーパーとして動いてもらうというのはすごく助かると思いますが、どこにつなげているのですか？　相談窓口はあるのですか？

浅沼　一応、相談電話の窓口は保健所や役場となっているけど、島内の相談電話とかにはかけないんじゃないかな。

平井　民生委員がかなり相談に乗ってくれています。民生委員が、つなぐところはしっかりと把握しています。この会にも数名が所属しておりますし、実は私も民生委員です。よく訪問していますし、見守りもしています。たぶん、いろいろなことに気づける立場なんだと思います。

少し前にとった会員へのアンケートの結果から、島の親密な関係ゆえに行動を知られてしまうという問題があります。「昨日は○○にいたでしょう」とか「車が置いてあったわよ」と言われたり、事が起こるとその日のうちに伝わるが、積極的に助けてはくれないと感じている人がいるのではないかと会員は感じています。だから、民生委員にも話してくれいてないこともあるはずです。私たちは、かかわりのなかでちょっとだけ困り事を引っ張りだして、ということをやっているつもりですが……。

確かに、その地域の情報は民生委員が一番よく知っているだろう。ゲートキーパーとしての意識をもって実際に取り組めば、早期発見や早期介入につながることもまちがいない。ただ、アンケートに示されているように、噂話が伝わりやすいという環境下において、どのように本音を引き出していくのかという点については課題がある。

平井さんは、続けてアンケートの結果を見ながら、ほかの記載事項についても説明してくれた。

平井　島内の自殺者は大半が島で生まれ、生活していた

【COLUMN】民生委員

民生委員法（昭和23年法律第198号）に規定されており、地方公務員法第3条第3項第2号に規定する非常勤の委員である。厚生労働大臣から委嘱され、日本の市町村の区域に配置されている。常に住民の立場に立って相談に応じほか、必要な援助を行い、社会福祉の増進に努める社会奉仕者のことである。

人で、移住者というか、そういう人たちが八丈島で自殺するという話はあまり聞かなかったのですが、最近は自殺する人もいるようです。

浅沼　数年前に移住してきて、自殺された人もいた。うちの近所にも移住者が一人で暮らしていて、気になるから声をかけたりしている。

これまでの経験や調査から、確かにコミュニティに馴染めない移住者がいることは知っている。憧れてやって来ただけに、生きづらさを感じてしまうと最悪の結果になる場合もある。それだけに、浅沼さんのように気遣ってくれる人がいるとありがたい、と感じてしまった。

ふと、昨日の寿司屋での会話を思い出し、島内における自殺の認識について質問した。

私　八丈島の島民が八丈島の自殺者が多いという認識があるというのにびっくりしたんですが、住民間で情報は流れているんでしょうか？

浅沼　みんな、知ってはいるんだよね。「あそこの人が亡くなったみたいだよ。自殺みたいだよ」ってのは結構流れています。

平井さんが厚生労働省の「地域における自殺の基礎資料」を集計した資料を私に手渡して、その説明をしてくれた。

平井　高齢の人が多かった年もありましたが、そのあと五〇代、六〇代、さらに一〇代の人たちも少しずつ出てきています。警察が出している資料と厚労省の統計が違うんじゃないかってみんなで言っていました。その違いがよく理解できなかったんですが、どういうことか分かりますか?

逆に、質問を受けてしまった。第2章で述べたように、警察庁の統計と厚労省の統計の違いや、警察庁統計の場合は遺書の有無が判断材料になることや、自殺だと保険が適用できないこともあるため、それを知っている人は遺書を書かない場合があるので、実際の自殺者は数字よりも多い可能性があることを伝えた。

生命保険の話になったからではないが、遺族支援について質問をした。

私　遺族支援については、どのようにお考えですか?

平井　「ゲートキーパーの会」で「遺族会」を立ちあげるためのお手伝いをしてはどうだろうかという話し合いを以前にしたことがあるんですが、どのように声をかければいいのかまっ

【COLUMN】死亡保険金について

保険法では、以下のように定められている。

保険法（平成20年法律第56号）

（保険者の免責）

第51条　死亡保険契約の保険者は、次に掲げる場合には、保険給付を行う責任を負わない。ただし、第3号に掲げる場合には、被保険者を故意に死亡させた保険金受取人以外の保険金受取人に対する責任については、この限りでない。

一　被保険者が自殺をしたとき。

ご存じのように、免責期間を設けて、それが過ぎれば自殺でも保険金を支払う会社もある。少し前の本だが、雨宮処凛が著した『自殺のコスト』（太田出版、2002年）によれば、免責期間が1年の場合の保険会社は、契約13か月後に死亡保険金の支払件数が跳ねあがるそうだ。免責期間が2年や3年の場合は、免責期間後の自殺が増えるケースはないようで（自殺したい人は、免責期間1年の生命保険会社を探すようだ）、雨宮が調べた半数以上の生命保険会社では、自殺の免責期間を2年や3年としたり、支払わないとする会社も増えているという。

たく分からなくて、立ち消えになってしまいました。「遺族会」って、遺族のなかの誰かが声を上げないといけないですよね。

私　僕のイメージでは、役場や保健所が遺族支援という取り組みのきっかけをつくってくれて、ある程度軌道に乗ったら、「ゲートキーパーの会」などにバトンタッチするほうがいいと思います。具体的に言うと、遺族は自殺リスクが高いと言われているので、リスクの高い人同士が集まると、さらにリスクを高めてしまう可能性があります。そのため、最初は保健師さんなどの専門職が、自死遺族自らがある程度受け入れられるまでかかわってくれたほうがいいと思っています。

予定していた時間が過ぎてしまった。終わりにしようかと思ったときに、平井さんが「最後に、これだけは伝えたい」と言って話しだした。

平井　辛い思いをもっている人から相談を受けることが多いんです。ルーテル学院大学で学んだことがとても役に立っています。自殺未遂をされた人に対して、自然に「また死にたいと思ったことある?」と聞けたんです。もちろん、初めてのことですが……。私のなかでは、「自殺する」って問いかけることはタブーにしていました。

しかし、研修のとき先生が、「死にたいと思うの？」とか「今、自殺するものを持っているの？」と聞いても構わないと言われたのです。本当に自分が言えるのかどうかは分かりませんでしたが、このときにはすんなりと聞けました。先生も「流れでふわっと出るときがあるのよ」とおっしゃっていて、自分にとっても腑に落ちましたし、学んだことが役に立ったと思いました。

『自殺の心理学』（高橋祥友、講談社現代新書、一九九七年）という本には、自殺を話題にしても、自殺への思いを助長することにはならず、むしろ自殺について言葉で表現する機会を与えられたことで、絶望感に圧倒された気持ちに対して、ある程度距離を置いて冷静に語ることができるようになる、と書かれている。

「ゲートキーパーの会」のお二人から話を聞いて、住民目線での自殺予防の重要性を改めて感じてしまった。自己反省も含めて、役所での自殺対策は、予算や事業ありきで進めていく場合が多い。住民向けに講演会などをするが、住民一人ひとりに対してアプローチできているのかというと、そうではないし、ただでさえ多くの業務を抱えている担当者がそこまでするというのは現実的ではない。それゆえ、市民団体と連携し、バックアップ体制（予算的支援や専門的研修）を取りながら住民目線で進めていくことが極めて重要となる。

インタビューを終えて時計を見ると、一一時半であった。一二時からは大学のオンライン会議があるため、急いで昼食をとった。それにしても、離島に行くと魚料理がとても美味しい。

オンライン会議が終わり、レンタカーを返却するまで二時間半を切った。今回は観光する時間がまったくなかったが、せっかく来たのだから観光的な要素も取材しようと思い、急いで八丈富士まで車を走らせた。

前回（五年前）来たときには、時間の余裕があったので八丈富士に登っている。今回は時間がないため、道路を走りながら素敵な景色を見ただけであるが、ふと、「ここ、フェンス低いな。飛び下りることができるかもしれない」と思ってしまった。職業病なのだろう。

八丈富士

ついでに、「ふれあい牧場」にも行ってみた。シーズンオフのため誰もいなかったが、牛は気分よさそうに昼寝をしていた。ここから、飛行機が飛び立つ様子が見れそうだ。

その後、四〇分ほど離れたところにある「みはらしの湯」に向かった。本章の冒頭で説明したように有名な温泉で、クジラを見ることができるという。

急いで露天風呂に入ると、ツアーの年配男性たちがクジラを探していた。個人的にはあまりクジラに興味はないが、話のネタになると思い、男性たちが上がったあとに一応見てみたが、何も見えなかった。よほどクジラが見たいのか、二名の男性が戻ってきた。

基本的に自分から話しかけることのない私がぼーっとしていると、先に入っていた男性が、「この温泉はぬるぬるしますか？」と聞いてきた。「知らないけど」と内心思いながら、「しょっぱいですね。傷口にヒリヒリしますよ」と返すと、「確かに、朝、髭を剃ったところがヒリヒリするわ」と返してきた。

話を続けると、どうやらツアー客のようだった。なぜか打ち解けて、一緒にクジラを探していると、隣にいた男性

みはらしの湯

が「あっちよ、あっち」と言って教えてくれた。話のついでだろう、「どこから来たの?」と聞かれたので「沖縄です」と答えると、「俺、北海道」と返してきた。

さらに話を聞くと、昨日は飛行機が欠航したため八丈島に来れず、東京のホテルに泊まって沖縄料理を食べた、と話しだした。

「えっ! ツアーで東京まで来て沖縄料理ですか!?」と聞くと、「俺、ツアー客じゃないよ。ここで働いてるんだ」と返してきた。

詳しく聞くと、北海道から八丈島に働きに来ているらしい。民宿に泊まっているとのことなので、「何日ぐらい滞在しているんですか?」と尋ねると、「次に帰るのは五月の連休かな」と話していた。一年のほとんどを八丈島で働き、数か月に一度北海道に帰るという。こういう滞在の仕方もあるのかと思いつつ、温泉を後にした。

レンタカーを返すがてら玉石垣(一三九ページ写真参照)を見ることにした。それにしても、玉石垣は不思議な光景である。流人が玉石を運び、積みあげたという光景が集落一帯に広がっている。もう少しゆっくりと見て回りたいところだが、タイムオーバー。

レンタカー会社の人が空港まで送ってくれたのだが、その途中、「帰りの飛行機は飛びそうでよかったですね」と言ったので、「今度はゆっくり来たいです」と返した。

八丈島では、八丈町役場と、住民団体である「ゲートキーパーの会」の方々から話をうかがうことができ、役所の視点と住民団体の視点の違いについて改めて知ることができた。役所では、自殺対策事業全体の推進やハイリスク者への支援といった取り組み、「ゲートキーパーの会」では、住民目線で見たリスク対象者とどのようにつながりをつくっていくのか、そして、近すぎてつながりにくいという点について難しさを感じるとともに、生活場面のなかで（理容店や飲食店など）普及活動を行っているという現状に感銘を受けてしまった。

いずれにせよ、役所と住民団体がうまく連携を図れば、きめ細やかな自殺予防対策ができるということである。

八丈空港から飛行機に乗り、羽田空港へ戻る。一昨日も、昨日も乗っているわけだが、仕事が終わったという爽快感を味わっている間に羽田空港に着いてしまった。

羽田空港に着くと、本書の出版元である新評論の武市さんが待っていた。私の処女作となる『自殺者を減らす！――ゲートキーパーとしての生き方』ができあ

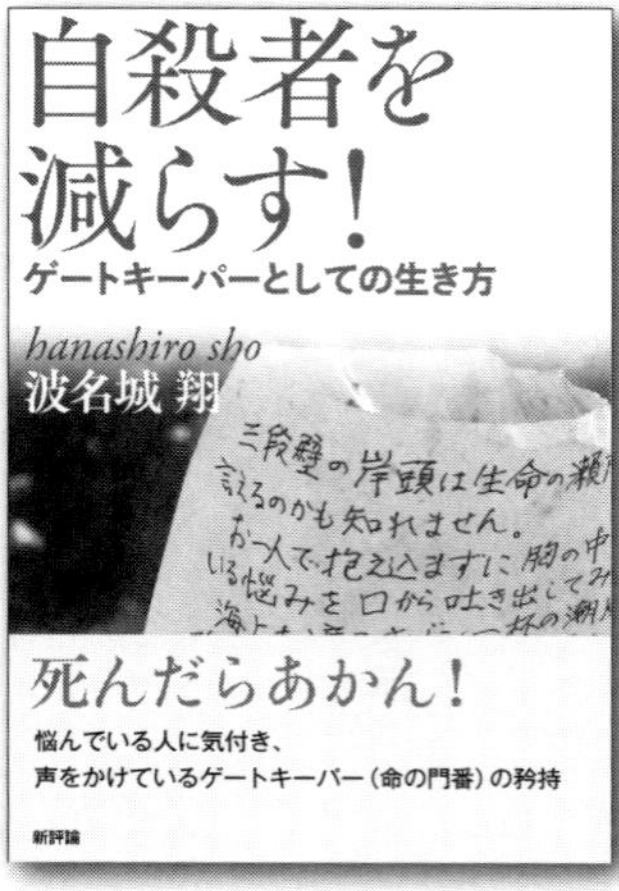

がったので、わざわざ持ってきてくれたのだ。開口一番、武市さんが、「お前、研究者っぽくない格好だな。学生とまちがえられなかったか？」と話しだしたので、「ええ、実は昨日の寿司屋でまちがえられました」と言いながら近くにある喫茶店まで歩いた。武市さんとは二〇年近くの付き合いになるが、会うたびにほっとする。

三〇分しかない乗り継ぎ時間であったが、それぞれハイボールとビールを飲み、サンドイッチを食べながら本書の構成などについて話した。

「島に行った人の自殺を止めるのは観光しかない。お前が島の行き方から観光の話などを入れることで、自殺目的で行った人も、いつの間にか観光をして戻ってくることになるかもしれない。片道切符が往復切符になる可能性があるぞ」と言う武市さんの話、確かに説得力がある。

研究をしていると、どのように行ったのかは省略し、研究対象にした地域に行ったことや聞いた話のみを述べたり、書いたりしてしまう。妙なたとえだが、テレビの海外ロケや、行くのが難しい場所を紹介している番組を見たとき、「どうやって帰るんだろう」と番組の裏側を知りたくなるような気分と同じかもしれない。

できあがったばかりの自著をリュックに入れたのが合図となり、「気を付けて！」という言葉を背に、那覇空港への出発ロビーに向かった。

第6章　長崎県五島列島（五島市）

1　五島の歴史

長崎県五島列島は、古くから日本と大陸を結ぶ航海の要衝であった。その歴史は、遣唐使や倭寇が行き交い、大陸文化が日本にもたらされた時代まで遡る。

中世において、五島は宇久氏の支配下に入り、独自の文化を育んできた。しかし、戦国時代の動乱期にはその影響を受け、島々では激しい争いが繰り広げられた。そして、近世に入ると徳川家康によって五島藩が設けられ、キリスト教の禁教令のもと、厳しい統治が行われた。その一方で、「隠れキリシタン」と呼ばれる人々は、厳しい迫害のなか、独自の信仰を守り続けてきた。彼らは、家の中や洞窟などに人目を忍んでは集まり、ミサを行い、信仰を代々伝えてきたのだ。

江戸時代の終わりに禁教が解かれてキリスト教が公認されると、五島に多くの教会が建てられた。これらの教会は、潜伏キリシタンの信仰を受け継ぎながら、新しい時代を切り開いてきた。

教会建築は、五島の美しい自然と調和し、独特の景観をつくりだしている。

明治時代以降、五島は近代化の波に乗り、漁業や農業が盛んになった。しかし、第二次世界大戦中には激しい空襲を受け、多くの建物が破壊されている。そして戦後、五島は復興の道を歩み、観光地としても発展してきた。

五島の歴史は、「航海」と「信仰」が複雑に絡みあったドラマティックなものである。隠れキリシタンの信仰は五島の人々の心のなかに深く根づいており、その精神は、現代の五島にも息づいている。それゆえなのだろう、二〇一八年には「長崎と天草地方の潜伏キリシタン関連遺産」として世界文化遺産に登録された。また、美しい海岸線や奇岩、そして豊かな生態系が特徴であり、二〇二二年には「五島列島（下五島エリア）ジオパーク」として日本ジオパークに認定されている。

2　五島市の概要とアクセス

長崎県五島市は九州の最西端、長崎県の西方海上約一〇〇キロメートルに位置している。大小一五二の島々からなる五島列島の南西部にあって、総面積は四二〇・一二平方キロメートル、一〇の有人島と五三の無人島で構成されている（**図6－1**参照）。

二〇〇四年、一市五町（福江市、南松浦郡富江町・玉之浦町・三井楽町・岐宿町・奈留町）が

合併して五島市となった。「五島市市勢要覧」によると、人口は一九五五年には九万人を超えていたが、年々減少を続け二〇二一年時点の人口は三万五〇九三人で、高齢化率は四〇・八パーセント（二〇二二年）となっている。

本土から五島市へのアクセスは、飛行機と船となる。まず飛行機だが、「福岡空港‐五島つばき空港間」（飛行時間約四〇分）、「長崎空港‐五島つばき空港間」（飛行時間約三〇分）が一日に三便ずつ飛んでいる。

船は、福岡県からは「博多港‐福江港間」のフェリーが一日一便（約七時間半）、「長崎港‐福江港間」はジェットフォイル（約一時間半）が一日三便から五便（時期により変動）、フェリー（約三時間から四時間）が一日二便から四便（時期により変動）がある。

図6-1　五島列島

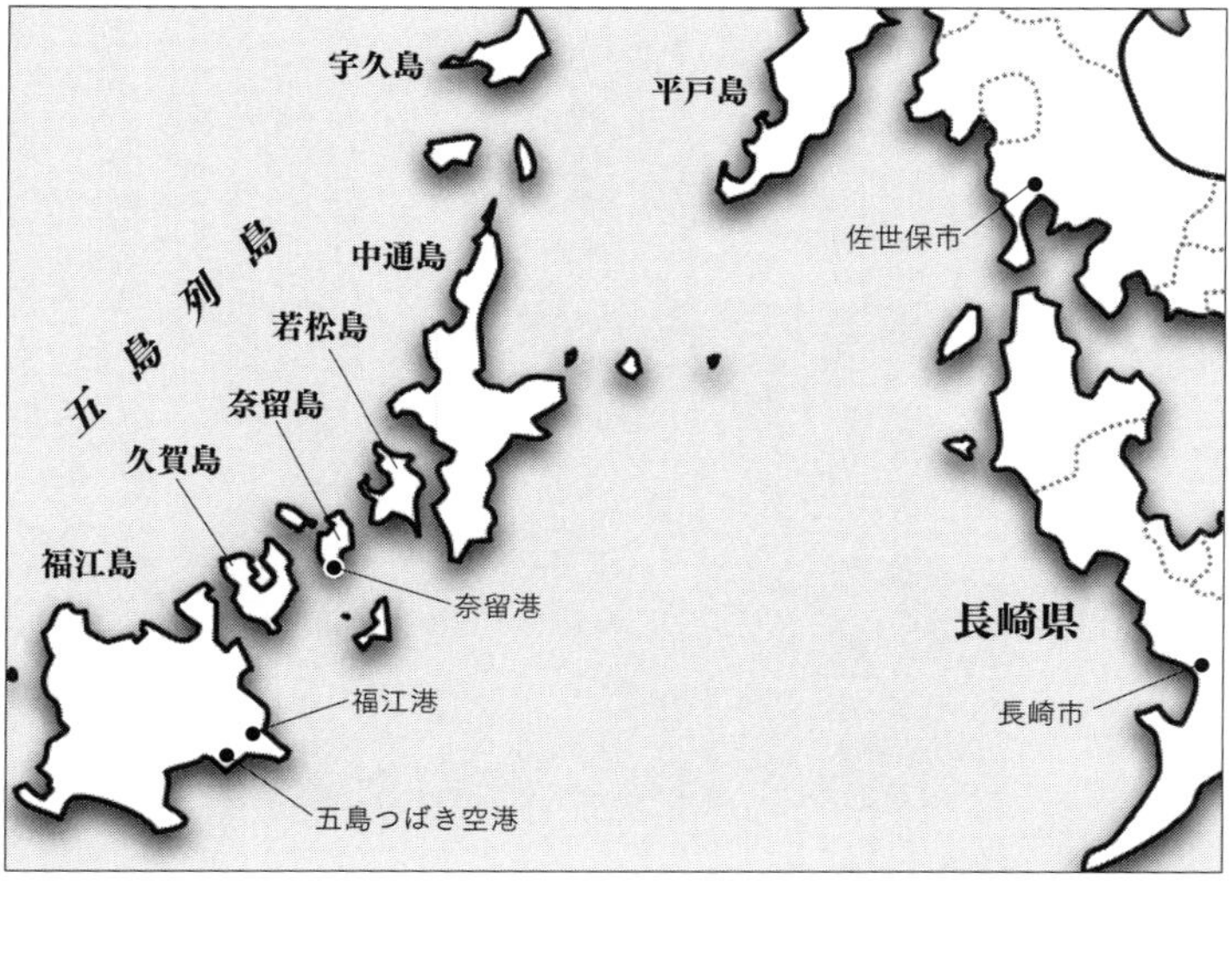

前述したように、五島市は二〇一八年に「長崎と天草地方の潜伏キリシタン関連遺産」として世界遺産に登録されたことや映画やドラマのロケ地としても有名であるほか観光客誘致にも力を入れており、二〇一九年の観光客数は約二五万人を超えていた。新型コロナウイルス感染症の影響を受けて二〇二一年の観光客数は約一一万八〇〇〇人まで減少したが、「全国旅行支援」や「長崎しま旅」といった観光需要喚起施策などもあって、二〇二二年の観光客数は約一六万六〇〇〇人と増加し、復調の兆しが見えている（「令和四年長崎県観光統計」参考）。

主要な観光名所などについて、簡単に紹介しておこう。ほかの島での紹介と同じく、すべてを私がめぐったわけではない。地元の観光ガイドブックなどを参照していることをお断りしておく。

鬼岳火山群

鬼岳火山群は福江島にある火山群である。複数の単成火山が

鬼岳火山群

集まって構成されているが、そのなかでも鬼岳が有名である。鬼岳は「スコリア丘」と呼ばれるタイプの火山で、噴火によって噴出したスコリアが積み重なってできた丘状の地形をしている。特徴的なのは、バームクーヘンのような美しい地層で、これは、噴火が繰り返され、スコリアが層状に重なった結果生まれたものである。現在は活動していないが、その穏やかな外観から、かつて激しい噴火があったとは想像しにくい。

鬼岳は、美しい景観と独特の地層から多くの観光客を魅了している。ハイキングや凧揚げなどのアウトドア活動はもちろん、地質学的な観察も楽しむことができる。また、鬼岳周辺には、鬼岳天文台や五島椿園など、さまざまな観光スポットがある。

大瀬崎断崖

大瀬崎断崖は、長崎県五島列島の福江島にある壮大な断崖である。東シナ海の荒波によって削りだされた高さ一〇〇〜一六〇メートルの断崖が、周囲約二〇キロメートルにわたって

大瀬崎断崖

連なっている。層状になった地層が織りなす縞模様が特徴的で、自然が描いた絵画のようである。

断崖の突端には大瀬崎灯台がそびえ立っており、青い海と緑豊かな断崖のコントラストが美しい。古くから航海の安全を守るために、多くの船乗りたちを見守ってきた場所である。映画『悪人』（李相日監督、二〇一〇年）やNHKの連続テレビ小説『舞いあがれ！』（二〇二二年）の舞台となっており、多くの観光客が訪れる人気のスポットとなっている。

長崎と天草地方の潜伏キリシタン関連遺産

二〇一八年にユネスコの世界文化遺産に登録された「長崎と天草地方の潜伏キリシタン関連遺産」は、江戸時代の禁教令下、二〇〇年以上もの間、密かにキリスト教の信仰を守り続けた人々の歴史を物語る貴重なものである。江戸時代から明治初期にかけて激しいキリシタン弾圧が行われ、信徒たちは迫害を逃れて山中に隠れつつ信仰を守り続けた。

堂崎教会

旧五輪教会堂

明治以降にキリスト教が解禁されると、信徒たちは再び教会を建て、信仰を復興させた。五島教会群の特徴は、その歴史的な背景と地域の特徴を反映した独特の建築様式にある。素朴な美しさ、美しいステンドグラス、自然との調和などが挙げられる。代表的な教会としては、五島のシンボル的な堂崎教会や日本初のルルド（奇跡の泉）をもつ井持浦教会などがある。

高浜海水浴場

五島列島を代表する美しいビーチであり、「日本の渚一〇〇選」にも選ばれている。その白く輝く砂浜とエメラルドグリーンに輝く海のコントラストが、訪れる人を魅了している。海水浴シーズンには多くの観光客が訪れ、海水浴やマリンスポーツを楽しんでいる。

透明度の高い海では、シュノーケリングがおすすめである。また、ビーチ周辺には、食事ができる施設や宿泊施設も充実しているので、快適に過ごすことができる。

高浜海水浴場

高浜海水浴場からは、魚藍観音展望所からの眺めも絶景である。水平線まで続く青い海と白い砂浜が一望でき、心が洗われるような体験ができる。私も訪れたが、そのときの感想は後述とする。いずれにせよ、高浜海水浴場は、自然豊かな環境のなかでゆったりとした時間を過ごしたい方にはおすすめの場所と言える。

魚籃観音展望台

五島列島の福江島にある、雄大な自然と歴史が融合した絶景スポットである。高浜トンネルの脇、急斜面の山道を登りきった断崖に位置しており、そこからは広大な東シナ海が一望できる。展望台の名物である魚籃観音は、手に鯛を抱え、東シナ海の大漁と航海安全を祈願して建立された大観音像である。穏やかな笑顔で海を見守るその姿は、訪れる人々の心を安らげてくれる。

展望台からは、エメラルドグリーンに輝く高浜海水浴場や頓泊海水浴場が一望できる。とくに、夕暮れ時には水平線に沈む夕日が海を染めあげ、息をのむような美しさとなる。また、晴れた日には遠く対馬まで見渡せることもある。

魚籃観音展望台は、単なる観光スポットにとどまらず、ジオパークとしても注目されている。この断崖を境目に、大地形成のルーツや潮の流れ、波の寄せ方が大きく変わるため、左右でコントラストがまったく異なる地形となっているのだ。ここも訪れたが、その感想は後述とする。

五島列島（下五島エリア）ジオパーク

二〇二二年に認定された日本最西端のジオパークである。日本列島と大陸が近かった時代の地層や、火山活動によって生まれた独特の地形などが特徴となっている。五島列島の大地は、約二二〇〇～一七〇〇万年前に大陸の砂と泥が堆積した「五島層群」と呼ばれる地層が基盤となっており、その後の火山活動によって火山台地が形成され、現在の地形がつくられている。大瀬崎の断崖絶壁では、この五島層群がはっきりと観察できる。また、ジオパーク内には、黒くゴツゴツした岩の海岸や縞模様の地層など、波によって削りだされたダイナミックな海岸線が広がっており、大陸とつながっていた時代の証である淡水貝の化石も見つかっている。

以上が大まかな観光名所となる。今回も私は「自殺者」に関する調査・研究のために伺っているので、そのときの様子や自治体の取り組みを以下で紹介していくわけだが、まずは五島市を選んだ理由について説明しておく。

一番の理由は、五島市が「日本学術振興会 科学研究費助成事業」で採択されている研究ということである。二つ目として、前任校（鎮西学院大学）勤務時に、学生と教会群について調査をしに来たことや、社会福祉法人から依頼を受けて、「五島における福祉・介護の協働ネットワーク（バンク）の創設に関する研究（全国老人福祉施設協議会研究助成）」という共同研究を実施し、地域の高齢者や関係機関へのインタビューのほか、移動販売を実施したことがある。この共同研究では、一年間に七回以上も訪れていたので、ホテルの従業員から名前を覚えられたほどである。何度も訪れた島の自殺対策、どうしても知りたいと思っていた。

そして、三つ目は、大学の同期で、二年間寮生活をともにした長崎県職員の友人が、異動で五島保健所に勤務していたからである。

まずは、この島における自殺者の推移を示しておこう。**図6－2**に示したように、自殺者数がもっとも多かったのは二〇一〇年で、総数一七人（男性一五人、女性二人）であった。年別推移で見ると、一〇人を超える年はあるものの、おおむ

図6－2　五島市自殺者数の推移（居住地）

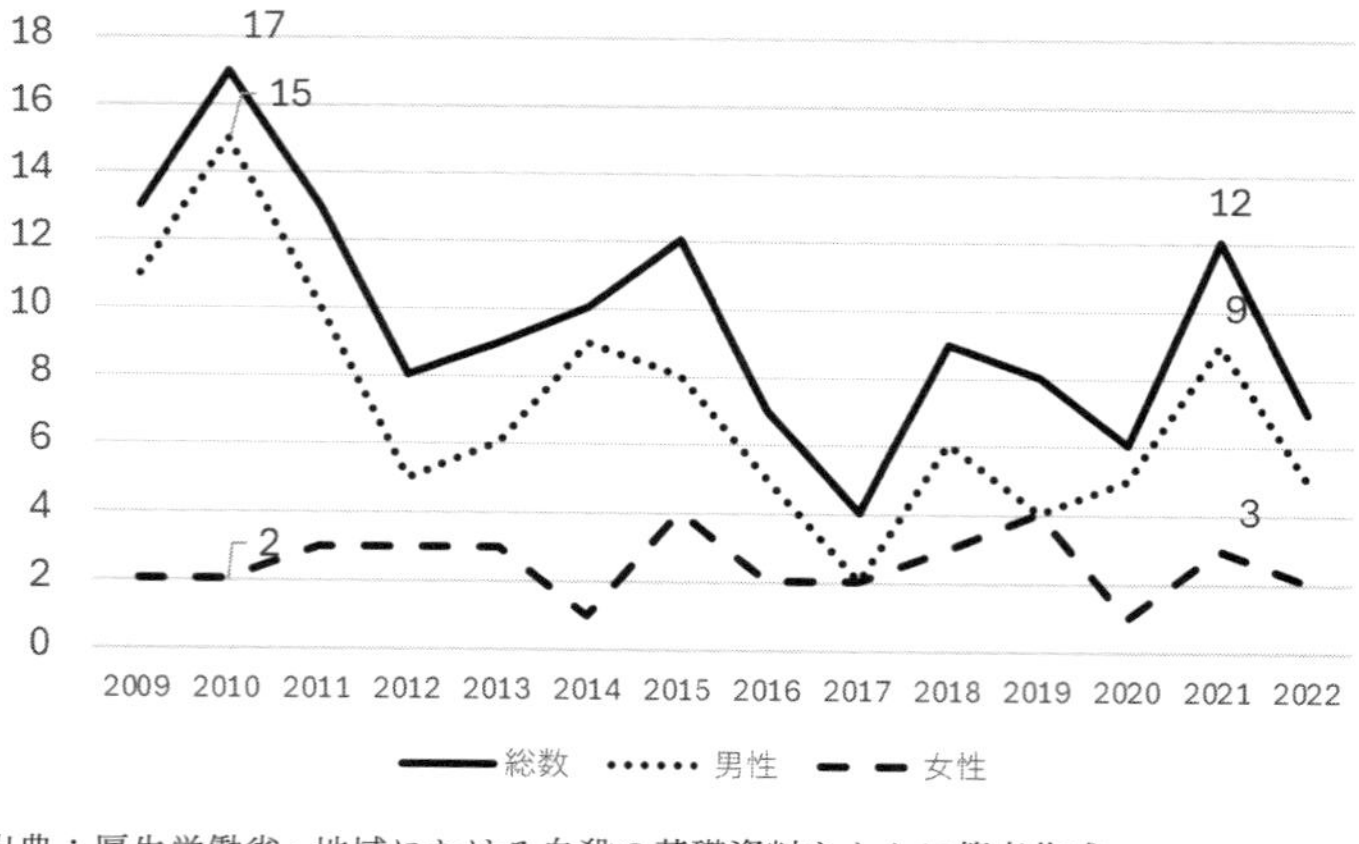

出典：厚生労働省：地域における自殺の基礎資料をもとに筆者作成。

ね一桁台で推移している。

新型コロナ感染症以降の影響などで二〇二一年には増加に転じたが、二〇二二年には七人と減少し、二〇二三年には一人増えて八人となり、全員が男性であった。二〇〇九年から二〇二三年までの自殺者総数は一四三人で、男性が一〇八人対して女性は三五人と、男性の自殺者が女性の約三倍となっている。

それでは、以下においてフィールドワークの様子や得られた知見などを紹介していくことにしよう。

3　五島でのフィールドワークとインタビュー

一日目——五島への移動とフィールドワーク

二〇二三年一〇月二一日、夜の便で福岡へ向かった。那覇空港から五島つばき空港へは直行便がないため、福岡空港での乗り継ぎとなる。沖縄を朝早く出発すれば午後には五島に到着するのだが、授業の準備と論文執筆が間に合わないと思って夕方の出発としたため、福岡で前泊することになった。

翌朝、九時三五分発の便で五島に向けて出発し、約四〇分後、「五島つばき空港」に到着した。

前任校のときは、長崎港から福江港へ出発することが多かった。福江港のフェリーターミナルは島の中心部に位置しているため、レンタカーを借りる必要はなかった。今回は、予算の都合もあってレンタカーを借りていなかったし、歩けば中心地まで行けるだろうと思っていたのだが、どうやら、一時間以上も歩かないとたどり着けない距離のようであった。

一応、福岡空港を出発する前に前述した友人に連絡をしたが、用事があるとのことで、自力で中心部まで行かなければならない。離島の空港は発着便が少ないため、飛行機の発着時刻に合わせてバスが出ている場合が多いので、到着後、すぐに空港から外に出てバスを探した。予想どおりバスは止まっていたが、バス乗り場の時刻表を見ると、次の出発は数時間後になっていた。念のため、運転手に尋ねると、「そのうち出る」と言う。「そのうち」が何時なのかよく分からなかったが、市内に行くには数キロあるし、とりあえずバスに乗りこんで待つこととした。「そのうち」を待つこと約二〇分、バスが出発した。バス

プロペラ機で五島へ

乗り場にあった時刻表はいったいなんだったんだろう。

バスに乗っていると、葬祭場から乗車してくる高齢者や買い物に行く高齢者などが見られた。免許返納などで運転ができない高齢者にとっては、バスなどの公共機関がなくなればあっという間に「買い物弱者」になってしまう。交通便のいい都会であれば免許返納は大きな問題にならないかもしれないが、へき地や離島などでは死活問題となる。

無事に中心部に着き、市内を散策した。五島には、幕末の一八六三年に福江藩最後の藩主である五島盛徳《もりのり》（一八四〇〜一八七五）が完成させた石田城があり、内堀や外堀、武家屋敷通りなど、沖縄では見ることのできない風景を目にして、いつも感動してしまう。また、城内にある長崎県立五島高校の生徒が、城の門をくぐったり、お堀を渡って登校する様子を見るたびに、羨ましいと思っていた。

お昼前になったので、五島とちゃんぽんに詳しい前任校の教授に連絡して、おススメのちゃんぽんの店を教えてもらった。

石田城内にある五島高校

そこに向かっていると、友人から「ご飯食べた？」という連絡が入り、合流することにした。

五分後、友人が迎えに来てくれた。友人の末竹正典君は、前述したように大学の同期で、ともに寮で二年間を過ごした仲間である。余談だが、私たちが過ごした西南学院大学の「碧波寮」は体育会系の男子寮であり、寮監の先生や寮母のおばちゃん、そして先輩には、どこであっても大きな声で挨拶をしなければならなかった。また、毎週の寮生会や、夏に神輿をつくって街を練り歩くというイベントには強制参加となっていた。

今なってはハラスメントに近いが、島育ちの私にとっては社会ルールが身についたし、同期や先輩、後輩は家族みたいな関係で、現在でもつながりが強い。まちがいなく、いい経験だったと思っている。

末竹君は、寮において中心的な存在として四年間を過ごし、法学部を卒業後専門学校に入学し、社会福祉士の資格を取得したのちに長崎県職員として採用されている。六年前、私が長崎県の前任校に転職したときにも、時々お酒を飲んだり、大学の講義で話してもらったりと、いろいろお世話になっている。

実は、二〇二三年三月一〇日から一一日にかけて、末竹君が五島市在住の瀬川房幸さんと沖縄に遊びに来てくれて、「美ら海水族館」や「名護パイナップルパーク」などを一緒に観光したり、遅くまで飲み明かしている。そのとき、自殺対策の担当もしているという話を聞いたので、いろいろと意見交換もした（四月に担当が変更になった）。瀬川さんとはそのときが初対面であったが、とても親切にしていただいた。

合流したあと、末竹君の知り合いの旅館に到着した。彼は旅館のお手伝いもしているようで（もちろん、無償である）、早速、調理場の掃除をはじめだした。待っているだけだと悪いので、私も掃除を手伝うと、お店のおばちゃんが「いつも手伝ってもらってるんですよ」と話しかけてきた。

掃除を終えると、おばちゃんも一緒に三人で昼食を食べた。豪華な寿司と五島うどんであった。人のよさもあるのだろうが、初見の私を受け入れてくれたことがとても嬉しかった。それにしても、三年間でここまで島民との強いつながりが構築できる彼の人間性の凄さに驚いてしまった。

昼食後、末竹君が島内を案内してくれた。移動中、「現在は自殺対策業務から別の業務になった」と話していたが、自殺対策を担当して感じたことなどを話してくれた。

まず、訪れたのは魚籃観音展望台である。初めて訪れたが、見晴らしが本当によく、海を一望することができる。ガードで囲われているが、近くに行くと海に吸いこまれそうになった。崖になっているので、ここから落ちたらひとたまりもないだろう。隣の海水浴場は、夏になると観光客がたくさん訪れるようだが、驚くほど海が澄んでいて、漁をしている船が浮いているように見えた。

次に向かったのは「荒川温泉足湯」で、なんと無料で利用することができた。二人で足湯に浸かっていると、旅行者と思われる人たちが次々とやって来た。たまたま若いカップルが話しかけてきたので尋ねると、新婚旅行で関西から来たとのことだった。私たちが知っているかぎりの観光知識を話し、「いい旅行になるように」と伝えた。

普段の研究・視察では、こんな会話をすることはまずない。それだけに少し嬉しかった。

次に向かったのは「香珠子五島椿物産館」である。ここは週替わりのアイスが有名で、多くの島民で賑わっていた。アイスを食べたあと、物産館の下にある「香珠子《こうじゅし》海水浴場」に行った。休憩所なども完備されており、ここも夏は観光客で賑わうようである。それにしても、海がきれいである。下の砂浜まで下りると、シーズンオフのためシャ

浮いているようにみえる船

魚籃観音展望台

ワーやトイレが蜘蛛の巣だらけになっていた。夏になったら、ここも活気を帯びるのだろう。

夕方に歓迎会をしてくれるとのことで、私はホテルまで送ってもらい、チェックインをした。


さて夕方、改めて末竹君と合流し、歓迎会の会場に向かった。とても人気のある店だそうで、三月に末竹君とともに沖縄に来られていた瀬川さんが予約してくれたようだ。なんと、末竹君も誰が来るか分からないという飲み会だった。参加したのは、私と末竹君以外に、瀬川さんと五島に移住された人、そして移住予定という二名であった。

五島の過ごし方の話を聞きながら、自殺者のことや可能性のある場所などについて教えてもらっている。また、「やったとった」という地元のお酒の飲み方があることも。

香珠子海水浴場

荒川温泉足場

お酒を飲みながら移住者が移住後の生活について話したが、その話を移住予定の人が興味深く聞いていた。どこでもそうだろうが、移住予定者は移住者から話を聞くことで情報を仕入れつつ、人と人とのつながりをつくっていくようだ。

第1章でも説明したように、五島は移住者への支援制度をたくさん設けるなど、移住対策に積極的に取り組んでいる。人口を減少させないためには、進学・就職などで島を離れる若者の数を上回る移住者を確保しなければならないからだ。

翌日は朝から行政へのインタビューが予定されていたので、二次会はせず、早めに就寝した。

二日目――五島市役所、保健所へのインタビュー

この日は、午前中に五島市役所、午後から五島保健所へのインタビューとなっていた。通常は、資料の整理なども含めて、一日一か所を理想としているが、翌日には帰らないといけないため、私の都合に合わせていただいた。

移住予定者と島の方たちとの懇親会

約束した一〇時前に市役所に着いた。前回五島市に来たときは新庁舎の建設中だったが、すでに新しい庁舎が完成していた。時間まで、庁舎の構造や課の配置などを見て回った。一〇時ちょうどに自殺対策担当課へ向かうと、担当者が会議室に案内してくれた。今回のインタビュー対象者（課長補佐）である。以下でその内容を紹介していくが、公務員のため名前は記載しないことにする。また、掲載については、インタビュー形式ではなく項目形式での掲載になるという条件で許可をいただいたので、項目に沿って説明していくことにする。

最初の質問は、「自殺の現状について」である。

回答　地域自殺実態プロファイルが毎年送られてくる。「地域自殺実態プロファイル 2022」では、二〇一七年から二〇二一年の自殺者数は三九人（住所地）となっている。

男女別では男性が多い。二〇二一年以前は男性の自殺者は一〇人未満であったが、二〇二一年に一〇人以上が亡くなっており、年代は五〇代や八〇歳以上の人が多い。高齢者の自殺者

五島市役所

では、男性は独居が多いが、女性は同居が多い。県内の市町村をまとめる長崎県庁からも、五島市内の自殺に関する情報が毎月データで送られてくる。

「地域自殺実態プロファイル」とは、「いのち支える自殺対策推進センター」(https://jscp.or.jp/)が、自殺者の特徴、属性などといった自治体における自殺の実態をまとめ、全自治体に提供しているファイルのことで、二〇一七年より都道府県および市町村に提供され、活用されている。五島市においては、五〇代の自殺者が多いというのは全国と同じ傾向であるが、八〇歳以上の高齢者が多いことが特徴となっている。

自殺の場所については、以下のように回答があった。

回答 自宅もあるが、山や海で亡くなられる方もいると思われる。行方不明者が出たときは防災無線で行方不明者情報が流れ、消防や消防団、そして警察で探し回るときもある。「行方不明＝自殺」というわけではないが、保健所の死亡個票で、死因が「溺死」というのを見たこともあるので、その可能性はある。

全国的に見ると、自殺場所は「自宅」が多く、大体六割程度を占めている。そのほか、「乗り物」（たとえば、電車への飛びこみ）や「高層ビル」からの飛び降りなどが多いが、離島では電車や高層ビルがほとんどないので、「自宅」の割合が高くなるほか、山や海での自殺も数として挙げられてくる。私の出身地である宮古島は平たい島なので「山」での自殺はなかったが、五島のように山がある場合は、山で亡くなるケースがあるということだ。

次の質問は「自殺対策に関する取り組み」についてである。以下、四つの取り組みを行っているという回答があった。

①会議――本部会議のなかにワーキング会議を設置し、庁内連携体制を取っている。また、関係機関が参加するネットワーク会議がある。

②直接支援について――自殺未遂などで入院した情報の連絡があれば、退院カンファレンスに参加することもある。内容的に他課が望ましいとき、たとえば高齢者の自殺未遂があり、ほかの面での不安を抱えている人であれば高齢者担当課へ引き継いで、支援などを行っている。また、障がい者の自殺未遂の場合は、社会福祉担当課から情報が入ってきて、地区担当が一緒に訪問することもある。

③講演会などについて――コロナ禍で、大勢を呼ぶのが難しかったことや職員不足などがあり、講演会は開催できていないが、教育委員会の出前講座のなかに「心の健康つくり」というテ

ーマがあり、依頼があれば、老人会や学校などに対してうつ病の話などをしている。年に三〜四回程度ある。

④遺族支援について――情報として入るが、直接の相談というのが入りにくい。同じ島民だと、身近すぎて相談がしにくい環境があるのかもしれないと考えられることから、遺族支援として、長崎県の「自死遺族支援ネットワークRe」(https://npore.org/)にポスター作成や当日の運営、参加した人のその後のフォローまでを委託する形で実施している。「Re」に電話相談したり、「Re」から電話したりとかなどはある。これは、保健所主催と市主催で実施しており、保健所は八月、市が一一月に開催している。

ここで特徴的なのは②と④である。まず、②の直接支援であるが、自殺対策担当者だけではなく、関係となる職員などとチームを組み、医療機関などと連携しながら支援を行うことは重要である。次に④であるが、離島では人と人との関係の近さから、「相談支援」や「遺族支援」ができない状況がある。とくに「自死遺族」は自殺のリスクが高いと言われているが、同じ島民ということで、介入の難しさが私の研究においても課題として挙がっている。外から専門家を招いて遺族支援を行うことは、遺族にとっては話しやすい環境になると考えられる。

最後の質問は「今後の課題」であるが、二つの回答が寄せられた。

回答1　情報が入りにくいことだと思われる。たとえば、自殺未遂者でも連絡を受ける場合には本人の同意が必要である。消防から搬送件数なども教えてもらいながら進めているが、体制づくりが必要であると思う。

回答2　周知やPRなどもしっかりやろうという話になっているが、人員不足の問題もあって、現在よりも相談が増えると対応できるかどうかという問題を抱えている。

小規模な市町村であれば自殺者の情報などは入りやすいが、市レベルになるとなかなか情報が入りにくいというのが現状である。また、未遂者への支援についても、「本人の同意」という壁があり、「知り合いだったら」とか「情報が知られたら」という不安感から支援を求めづらいのかもしれない。

言うまでもなく、早期介入ができれば自殺は予防できる可能性が高くなるわけだが、相談が増えれば人員不足でキャパオーバーになるという葛藤を抱えていることがインタビューをするなかにおいて強く感じられた。

約一時間半のインタビューとなったが、項目形式のため、読者にうまく伝えられたかどうかは不安である。ただ、担当者が一生懸命取り組んでいる様子だけは伝えられたと思っている。

時計を見ると一二時であった。末竹君に「昼ごはんを食べよう」と連絡し、教えてもらった定食屋で食べながら一時《ひととき》を過ごした。いつもは一人で食べているので、地元に住んでいる友達と食べるというのはうれしい。末竹君おススメのちゃんぽんはとても美味しかった。

一四時からは五島保健所でのインタビューである。約一時間程度余裕があったので、近くで「長崎県自殺対策計画」などを見ながら過ごした。

約束している一四時前に五島保健所に着いた。五島保健所は、五島市役所の向かい側にある。保健所の前に、さっき別れたばかりの末竹君が立っていたので、まさかお出迎えかと心が躍ったが、市民と面談していただけであった。軽く会釈をして、静かに保健所に入った。受付で声をかけると、担当者が会議室まで案内してくれた。

五島保健所

ここでのインタビュー対象者は保健師（一人）である。以下でその内容を紹介していくわけだが、公務員のためお名前は記載しない。また、五島保健所も、本書への掲載については「項目形式」にするという条件で許可をいただいているので、項目ごとに説明していくことにする。

最初の質問は「五島圏域内における自殺の状況について」である。以下のような回答があった。

①五島圏域の概況――人口は三万四三九一人で、高齢化率が四〇・八三パーセントとなっている。世帯数は一万六五二六世帯で、人口減少、少子高齢化が進んでいる（令和二年度の国勢調査の結果）。

②自殺者数――二〇〇九年から二〇二二年の間の推移では、二〇一〇年の一七人が一番多い。二〇二〇年には六人まで減少したが、二〇二一年に一二人となった（二倍増加）。人口一〇万人当たりの自殺死亡率は、「地域自殺実態プロファイル二〇二二」のデータでは、五島市が三三・一パーセント、長崎県一六・五パーセント、全国が一六・四パーセントと、全国、県と比較しても高くなっている。二〇二〇年が一六・三パーセントだったため、二倍となっている。

男性の自殺者数が多く、二〇一〇年には一五人で、二〇二〇年は五人まで減少したが、二〇二一年には九人に増えている。女性では七〇歳代が一番多い。自殺の原因として、「地域自殺実態プロファイル」の重点パッケージに、高齢者の孤立化と生活困窮が挙がっていた。

市役所でも尋ねたことだが、保健所では少し詳しい情報を教えてくれた。二〇二〇年と比較すると二倍になったこと、そして男性の自殺者が多いということである。「自殺」というと「精神疾患」のイメージが強いと思うが、高齢者や生活困窮者が挙げられており、高齢者の孤立感や五〇代の生活困窮者（高齢者の生活困窮の可能性もあり得る）などが考えられるようだ。

次の質問は「保健所がとっている対策」についてだが、五つの回答があった。

①自殺対策担当者の意見交換会――年に数回実施している。

②普及啓発――去年、立て続けに自殺が発生したという状況もあり、人が集まるショッピングセンターで、イベント時とかに自殺対策の相談窓口が掲載されているパンフレットなど配布している。

③精神保健福祉相談――精神保健福祉相談として相談対応をしている。過去五年間の相談内容で見ると、一年間に大体三〇〇件から四〇〇件ぐらい相談があり、そのうち自殺に関連する相談は、おおよそ一〇件から二〇件であった。

④こころの健康相談事業――精神科の嘱託員の先生が、月一回相談を受け付けている。

⑤自死遺族支援について――「自死遺族のつどい」を市と一緒に開催している。開催場所は、市役所だと来づらい人がいると考えられるため、保健所としている。大体、二～三人が参加している。

③についてだが、年間に三〇〇件から四〇〇件の相談を受けているというのには正直驚いた。

人口比として、ほかの地域との比較をしたわけではないが、人口からして想像以上に多いように思われる。もちろん、回答にあったように、すべてが「自殺に関する」ものではないが……。

⑤の自死遺族支援については、市でも説明したことだが、市役所だと行きづらいという点は同感である。それだけに、保健所で開催してもらえれば自死遺族側も安心して話せるだろう。

最後に「圏域における課題」について尋ねたところ、以下の回答が得られた。

①長崎県、全国と比べて自殺死亡率が高い。
②高齢者、生活困窮者の自殺が多い。
③自死遺族や自殺未遂者への支援。

自殺死亡率については、人口規模が少ない場合は一人が自殺しただけでも数字が跳ねあがるので、個人的には自殺死亡率よりも同規模自治体との比較のほうがいいかと思っているが、五島では、圏域ごとで見た際の自殺死亡率の高さを問題視しているのだろう。また、③については、「辛い思いをされたりとか、生活のしづらさとかがあるかもしれない」と話されていたので、地域におけるつながりの強さや情報の広まりやすさという問題を抱えていることが分かる。

約二時間、保健所の職員にインタビューをさせていただいた。先に同じく、項目形式の紹介となったが、保健所の担当者も一生懸命取り組んでいる様子は伝えられたと思っている。

二か所の取り組みを同じ日に聞くというのは大変であったが、双方の情報をすぐにすりあわせることができるのでとても参考になった。これまでにもあったが、やはり一日置くと、いくらメモなどを取っていても忘れることがある。少なくとも、そのようなリスクは避けられた。


インタビューが終わり、武家屋敷通りを眺めながらホテルに戻った。大量のメールを返信していると、あっという間に一八時近くになっていた。末竹君から、「最後の夜やけん、ご飯でも食べんね（たべようか）」との連絡があった。近くのコンビニで合流し、居酒屋で乾杯した。とてもお洒落なお店で、先に紹介した瀬川さんの娘さんが経営している居酒屋とのことだった。

カウンターで飲んでいたのだが、隣に一人で飲んでいる年配の男性がいた。どうも、その人も末竹君の知り合いのようで、いろいろと話していた。それにしても、よく三年間でこんなにも知り合いができるもんだ、と感心してしまった。

その人が帰り、二人で大学時代のことや今回の調査の話をしていると、四人組が入店してきた。よく見ると瀬川さんだった。たまたま飲む場所が一緒だったらしく、ほかの三人は移住者だという。すると、末竹君がそのうちの一人の女性を連れてきて紹介してくれた。なんと、私の母校、しかも同じ学部の出身であった。離島で母校の学部の後輩に会うというのは、とても嬉しい。その結果、深酒することになってしまったが……。

昨日、瀬川さんから話を聞いた、「やったとった」という飲み方について質問した。「それじゃ」という瀬川さんと、お店の人、つまり娘さんの「やめてくれ」というせめぎあいの末、「やったとった」がはじまった。その流れは以下のとおりである。

「おーい。〇〇（人の名前）やろうかね」と言うと、名前を言われた人は「もらおうかね」と返事をする。声をかけた人は自分の手持ちのお酒を飲んで、酒を注いで呼んだ人に渡す。もらった人は、飲み干して返す。返ってきた自分のグラスにまた酒を注いで自身で飲むという流れで、誰が言いだしてもいいようである。これが延々と続くとのことだった。

何度かお伝えしたように、宮古島にも「オトーリ」という飲み方がある。「オトーリ」では、親役が口上を述べたあと、お酒を振る舞っていくというスタイルとなっている。ほかにも、鹿児島県の与論島で行われている「与論献奉」という飲み方があるようだが、どうやら共通しているのは、人と人とが交流するための方法であるということだ。

途中から、カウンターで飲んでいた一人（出張で五島に来ていた）も輪に入り、一緒に「やったとった」を体験したあと、二次会へと移動した。お洒落なバーで、マスターが「久しぶり」と言うので、どこで会ったのかと思っていたら、先ほどの居酒屋で飲んでいた男性だった。あまりの変貌ぶりに（もちろん、いい意味で）びっくりした。

二次会でも話題は尽きず、島在住者のパワーに圧倒された。ホテルが二四時に閉まるので、一度お店を抜けてホテルに「二四時を少し過ぎる」と伝えて戻る途中、中年の知らない男女三人組に声をかけられた。沖縄へ行く友人の送別会だそうで、合流しないかということだった。固く握手して、場所を聞いたが、その名前を忘れてしまい、行くことができなかった。

お店に戻ると半分以上の人が帰っていて（私も、帰ったと思われていたようだ）、飲み代の話だけをしてお開きになった。三次会もあったようだが、さすがに疲れたので、ホテルに帰って就寝した。

翌朝、ホテルをチェックアウトしたあと、フライトまで時間があったので観光することにした。離島ではレンタカーが借りれないときが多いのだが、瀬川さんの息子さんがレンタカー会社を経営していたこともあって無事に借りることができた。初日、末竹君に連れていってもらっている大瀬崎断崖と荒川温泉への再訪である。

大瀬崎断崖（一八三ページの写真参照）は、前述したように、映画『悪人』やＮＨＫの連続テレビ小説『舞いあがれ！』の舞台ともなった景観がとてもいいところである。中心地からだと一時間以上かかるため、時間に余裕をもって行ったほうがいいだろう。また、急な坂が多く、この日も、目の前で二台のバイクが横転していたので、気をつけていただきたい。

その帰り、「地域福祉センター荒川温泉」に行った。繰り返しになるが、沖縄県には「地元の温泉」みたいな場所がないので、出張などがあれば温泉に行くことを楽しみにしている。ここは五島市社会福祉協議会が運営する温泉であり、一般は三〇〇円、荒川町内の居住者は一〇〇円で利用ができる。

温泉に入ると、三人のおじいちゃんが入浴しながらお喋りをしていた。低料金で利用できる温泉は、地域住民の憩いの場となっている。離島にかぎらず、このような空間があることで地域コミュニティが豊かになるように思う。那覇市においても人と人の関係が希薄なものとなっているので、少しうらやましい。

すぐ近くに、前述した「荒川温泉足湯」もあるのであわせて利用するといいだろう。

レンタカーを返却したあと、夕方の便で福江つばき空港から飛行機を乗り継いで那覇空港へ戻った。一日ではたどり着けない離島が多いわけだが、沖縄から五島はアクセスがよく、その日のうちに帰ることができる。

地域福祉センター荒川温泉

本章では、長崎県五島市の観光と自殺予防について紹介してきた。今回は大学時代の友人による多大な協力のおかげで、島をめぐることができたうえに、住民との交流もできた。とくに、移住者の話やこれから移住される人の話などを聞いたときには、どのようにして地域に馴染んでいくのかという考えに触れられたと同時に、移住する若者たちの元気なパワーを感じることができた。

一方、自殺の問題に目を向けると、高齢者や生活困窮者の自殺が課題として挙げられているので、高齢者が自殺する要因は何か、また自殺する生活困窮者の要因を探りながら、高齢分野や生活困窮支援分野からのアプローチが今後さらに必要になってくる。

自治体によってはさまざまな制約があるので、本章ではインタビュー形式での紹介ができなかったが、市役所および保健所の担当者が、自殺予防のために一生懸命取り組んでいることは改めて強調しておきたい。

第7章　沖縄県石垣島

1　石垣島の歴史

新石垣空港の敷地内にある「白保《しらほ》竿根《さおね》田原《たばる》洞穴《どうけつ》遺跡《いせき》」というのをご存じだろうか。何とここは、旧石器時代から一六世紀頃までにかけての複合遺跡で、全身骨格がほぼ残った状態で発見されたところである。国内最古となる、約二万七〇〇〇年前の人骨が発見されるとともに、国内で初めて旧石器時代の墓域が確認されたところでもある。もちろん、国の史跡に指定されている。

歴史を振り返ると、自然災害、とくに巨大な津波の襲来を何度も経験してきた石垣島であるが、一七七一年に発生した「明和の大津波」のときには、八重山諸島と宮古諸島にまで及ぶ甚大な被害をもたらした。この津波は、日本（琉球）史上有数の規模を誇り、多くの犠牲者を出したという歴史的な災害である。

被害が大きかった地域では人口が激減し、村自体が消滅してしまったところも少なくない。人口を回復するため、ほかの島々からの移住者を募ったほか、一九世紀以降になると、新たな土地を求めて多くの人が移住し、未開の土地を開拓してきたという島でもある。

琉球王国時代は、琉球王国の支配下として、交易や文化交流が盛んに行われた。琉球王国を通じて中国や東南アジアとの交易が行われ、島にはさまざまな文化がもたらされた。八重山諸島を含む先島諸島では、古くから「人頭税」（五六ページの**コラム**参照）と呼ばれる税が課されていた。これは、一五歳から五〇歳までの男女に、穀物や織物などといった納税を義務づけるものであった。

明治時代以降、石垣島は日本に併合され、島民の生活は大きく変貌することになった。とくに、第二次世界大戦のときには島に大きな傷跡を残し、多くの住民が犠牲となっている。ご存じのように、戦後はアメリカ軍の統治下に入り、経済や社会構造が大きく変革された。そして、日本への復帰後、美しい自然や独特の文化が注目され、観光地としての発展を遂げている。

2　石垣島の概要とアクセス

沖縄県石垣島は沖縄県の八重山列島にある島で、面積は二二二・五四平方キロメートル、日本全体では二一番目の面積となる。沖縄県の県庁所在地である那覇市からは、南西方向に四一〇キロメートル離れているが、台湾とは約二七〇キロメートルしか離れておらず、地理的には台湾のほうが圧倒的に近い。構成市町村は石垣市と竹富町であるが、ここでは石垣市の紹介をしよう（**図7−1参照**）。

石垣市のホームページによると、一九七五年の人口は三万四六五七人であったが、年々増加し、二〇二〇年には約四万七〇〇〇人、二〇二三年七月には、市政七六年目にして五万人を達成するなど、離島では珍しく人口が増加している。

高齢化率は二三・四パーセント（二〇二三年）と、全国平均（二九・一パーセント）よりも低くなっている。人口増加の背景としては、移住ブームによって全国から移住者が増加していること、近年では、自衛隊の基地である石垣駐屯地が整備され、隊員やその家族が移住してきたことなどが考えられる。

石垣島のアクセスについて説明する。本土や沖

図7−1　石垣島

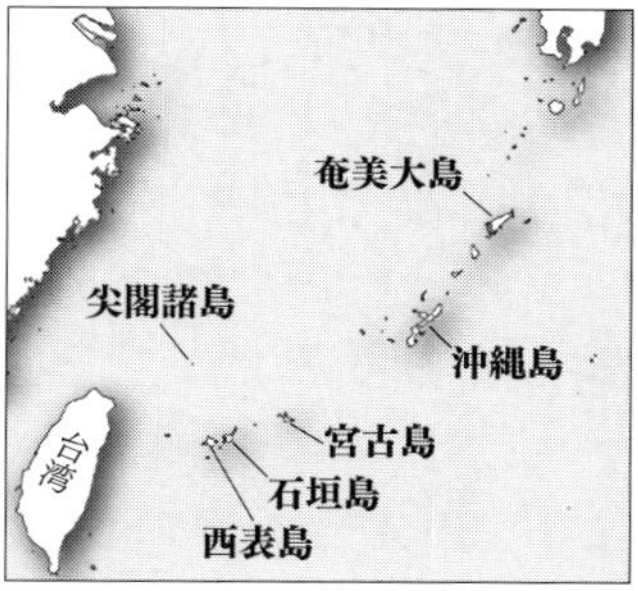

縄県からは飛行機のみである。全国各地から発着しているので詳細な記述は控えるが、羽田空港（一日七便）、成田空港（一日二便）、中部国際空港（一日三便）、関西空港（一日五便）、福岡空港（一日一便）、那覇空港（一日二十三便）をはじめとして、周辺離島から、宮古空港（一日四便）、与那国空港（一日四便）、波照間空港（週二日一便）、多良間空港（週二日一便）が就航している（期間限定便も含む）。

新石垣空港（南《ぱい》ぬ島《しま》石垣空港）は国際線にも対応しており、今は運休中であるが、香港や台北からの便もある。玄関口としては空港のみであるが、前述したように、全国各地からアクセスのしやすい島である。さらに、一時滞在ということになるが、海外からのクルーズ船も寄港している。

観光客数について説明しておこう。二〇一二年の観光客数は七七万人台であったが、南ぬ島石垣空港が開港した翌年の二〇一四年には一〇〇万人を突破し、二〇一九年には一四〇万人台まで増加している。

新型コロナウイルス感染症の影響を受けて二〇二〇年は激減し、六三万人まで落ちこんだものの、「全国旅行支援」といった観光需要喚起施策などの後押しもあって、二〇二三年の観光客数は一三四万人台と回復傾向にある（「昭和四三年～令和二年観光客推計表」、「令和五年石垣市入域観光推計表」参考）。

ちなみに、同資料においては観光消費推計も示されており、二〇二三年の観光消費推計は九一七億四〇〇〇万円となっている。近年はオーバーツーリズムの問題が指摘されているほか、約五万人の島において、受け入れ体制をどのように構築していくのかが問題となっている。

次に、主要な観光名所などについて簡単に紹介しておこう。地元の観光ガイドブックなどを参照しながらとなるが、筆者が実際に行った場所については、その感想も簡単に記載しておく。私は四〇年となる人生において三〇回以上訪れているので、みなさんが想像される観光とは少し違ったコメントになるかもしれない。

川平湾

島の北西部に「川平湾」がある。世界有数の透明度を誇る海で、コバルトブルーからエメラルドグリーンまで、さまざまな色のグラデーションを見ることができるほか、サンゴや魚などの観察もできる。川平湾では海の中を覗けるグラスボートがあり、泳がなくても色とりどりの熱帯魚やサンゴ礁を観察することができる。

川平湾

私は、数回、しかも少しの時間しかなかったが、透明感のある海に浮かぶグラスボートに乗っている。

平久保崎灯台

石垣島最北端にある灯台で、現在も気象情報が計測されている。三六〇度のパノラマビューが楽しめる絶景スポットで、エメラルドグリーンの海と紺碧の空、そして白い灯台が輝くという壮大な景色を見ることができる。天気がよい日には、遠くに見える多良間島や西表島なども視界にとらえることができる。二〇一六年に「恋する灯台」に認定されている。

平久保崎灯台へは何度も訪れているが、見下ろすと遠くまで見えるサンゴ礁群、そして私の出身地である宮古島では見られない山々を見ると、とても気持ちがいい。

平久保崎灯台

バンナ公園

バンナ公園では、亜熱帯植物や動物が生息する自然豊かな環境のもと、さまざまなアクティビティを楽しむことができる。バンナ公園のシンボルであるバンナ岳は、標高二三一メートルの山である。山頂からは、三六〇度のパノラマビューを楽しめるし、登山道が整備されているのでトレッキングを楽しむことも可能である。

公園の坂を登り続けると「エメラルドが見える展望台」があり、石垣島を訪れるたびに私も行くが、エメラルドブルーの海や石垣島の全景、竹富島や西表島などものぞめる絶景ポイントである。天気のよい夜には満天の星も見えるので、ぜひ訪れてほしいところである。

八重山鍾乳洞

八重山鍾乳洞には、大小八つの鍾乳洞がある。もっとも大きな鍾乳洞は「龍神鍾乳洞」で、全長約三〇〇メートルもある。洞内には、さまざまな形の鍾乳石や石筍が形成されており、幻想的な雰囲気を味わうことができる。また、鍾乳洞だけではなく、敷地内には動物園や植物園もある。

数年前に訪れた感想としては、きちんと整備されているわけ

エメラルドが見える展望台（バンナ公園）

ではないが、それはそれで自然を感じることができてよかった。

石垣島天文台

石垣島天文台は、自然科学研究機構国立天文台、石垣市、石垣市教育委員会、NPO法人八重山星の会、沖縄県立石垣青少年の家、琉球大学の連携によって運営されている天文台である。九州・沖縄では最大となる、口径一〇五センチの光学・赤外線反射式望遠鏡「むりかぶし望遠鏡」を備えており、太陽系天体や突発天体の観測研究、および天文学の広報普及を行っている。

施設見学のほか、「天体観望会」や「宇宙シアター（星空学びの部屋）」などといった企画を開催しているので、天文ファンにとっては垂涎の的となる施設である（石垣島天文台ホームページより参照）。

八重山鍾乳洞での筆者

「明和の大津波」で打ちあげられた津波石

先に紹介した「明和の大津波」とは、一七七一年四月二四日、八重山列島近海を震源として発生した地震によって引き起こされた大津波のことで、琉球史上もっとも被害の大きかった自然災害である。

この地震は、マグニチュード約7.4と推定されており、八重山諸島と宮古島地方に甚大な被害をもたらした。とくに八重山諸島では、九二〇〇人から九三〇〇人の死者・行方不明者が出るなどの被害があった。その際に打ちあがった津波石を、石垣島の東海岸で見ることができる。この津波石は、「石垣島東海岸の津波石群」として国の天然記念物（地質・鉱物）に指定されている。

観光スポットではないかもしれないが、私が一番おすすめしたいスポットである。これほどまで大きな石が津波によって運ばれてきた過程を想像すると、地震の恐ろしさを改めて感じることになるだろう。

米子焼工房《よねこやきこうぼう》

石垣島を車で走らせると、カラフルなシーサーが並んだ工房

津波大石

がある。一九七二年に創業し、伝統的な琉球陶芸の技法を受け継ぎながら現代的なデザインの陶器を制作している。

ユニークな表情をしたシーサーが多く、シーサーづくり体験をはじめとして、陶芸教室やアクセサリーづくりといったことも楽しめる。また、シーサー農園が併設されており、個性的なシーサーの巨大オブジェや熱帯果樹なども見ることができる。

数年前、地元の友人に教えてもらって訪れているが、個性的なシーサーを見ていると元気が出るような気がした。

日本最南端のアーケード「ユーグレナモール」

日本最南端のアーケード商店街である。石垣市の中心部に位置しており、南西側の「中央通り」と北東側の「銀座通り」の並行する二本の通りからなる、総延

米子焼のシーサー農園

ユーグレナモール

長二六五メートルの商店街である。二本の通り（中央通り、銀座通り）ともアーケードで覆われており、通りには観光客向けの土産物店や地元の個人商店などが建ち並んでいる。二本の通りの間には「石垣市公設市場」がある。

石垣島に行った際、私もここによく行くが、土産店や飲食店のなかに瓦工場まであるところが面白い。石垣市公設市場にはフードコートもあり、いつも観光客や地元の住民でにぎわっている。散歩がてらに行ってみるといいかもしれない。

石垣港離島ターミナル

離島航路の旅客ターミナルである。八重山諸島へのアクセス拠点として、多くの観光客や地元住民が利用している。旅客ターミナルからは、竹富町が所管する離島（竹富島、黒島、西表島、波照間島、鳩間島）へ

石垣島離島ターミナル

具志堅用高モニュメント

の船が出港している。石垣島という離島に訪れながら、さらなる離島もめぐるという観光客が多い。

ここには旅行代理店が入っており、離島への観光案内やレンタカーの予約、荷物の預かりまでしてくれる。また、飲食店、お土産店、プラネタリウム、尖閣諸島の展示物、具志堅用高モニュメントなどもあるので、長時間楽しむことができる。

人頭税の研究（第3章参照）の際、また西表島や波照間島に訪れたときには必ず利用しているが、常に多くの観光客で賑わっていた。離島観光などを希望している人には、ぜひおすすめしたいところである。

以上が、大まかな観光名所となる。以下で「自殺者」に関する調査・研究のために石垣島を訪れたときの様子や自治体の取り組みを紹介していくことにするが、まずは石垣市を選んだ理由について説明しておこう。

一番の理由は、石垣市が「日本学術振興会 科学研究費助成事業」で採択されている研究であるということだ。二つ目は、佐渡島でインタビューをした際（第3章参照）、行政の担当者から、石垣市が自殺予防対策に積極的に取り組み、発表していたという話を聞いたからである。そして、三つ目として、私が二〇二三年一一月から沖縄県自殺対策連絡協議会委員に就任したことから、沖縄県内の自殺対策について詳しく知りたいと思ったからである。

では、石垣島（石垣市、竹富町）における自殺者の推移を示しておこう。

図7－2に示したように、自殺者数がもっとも多かったのは二〇一一年で、総数二二人（男性一八人、女性四人）であった。増減がありながら、二〇一九年には七人（男性六人、女性一人）まで減少したが、二〇二〇年には自殺者は一四人（男性一〇人、女性四人）と増加し、それ以後、一〇人から一五人の間で推移している。二〇〇九年から二〇二三年までの自殺者総数は一八三人で、男性が一五一人対して女性は三二人と、男性が女性の約四・七倍となっている。

これらの数字をふまえていただいたうえで、以下で紹介するフィールドワークの様子や得られた知見などを読んでいただきたい。

図7－2　石垣島（石垣市、竹富島）自殺者数の推移（居住地）

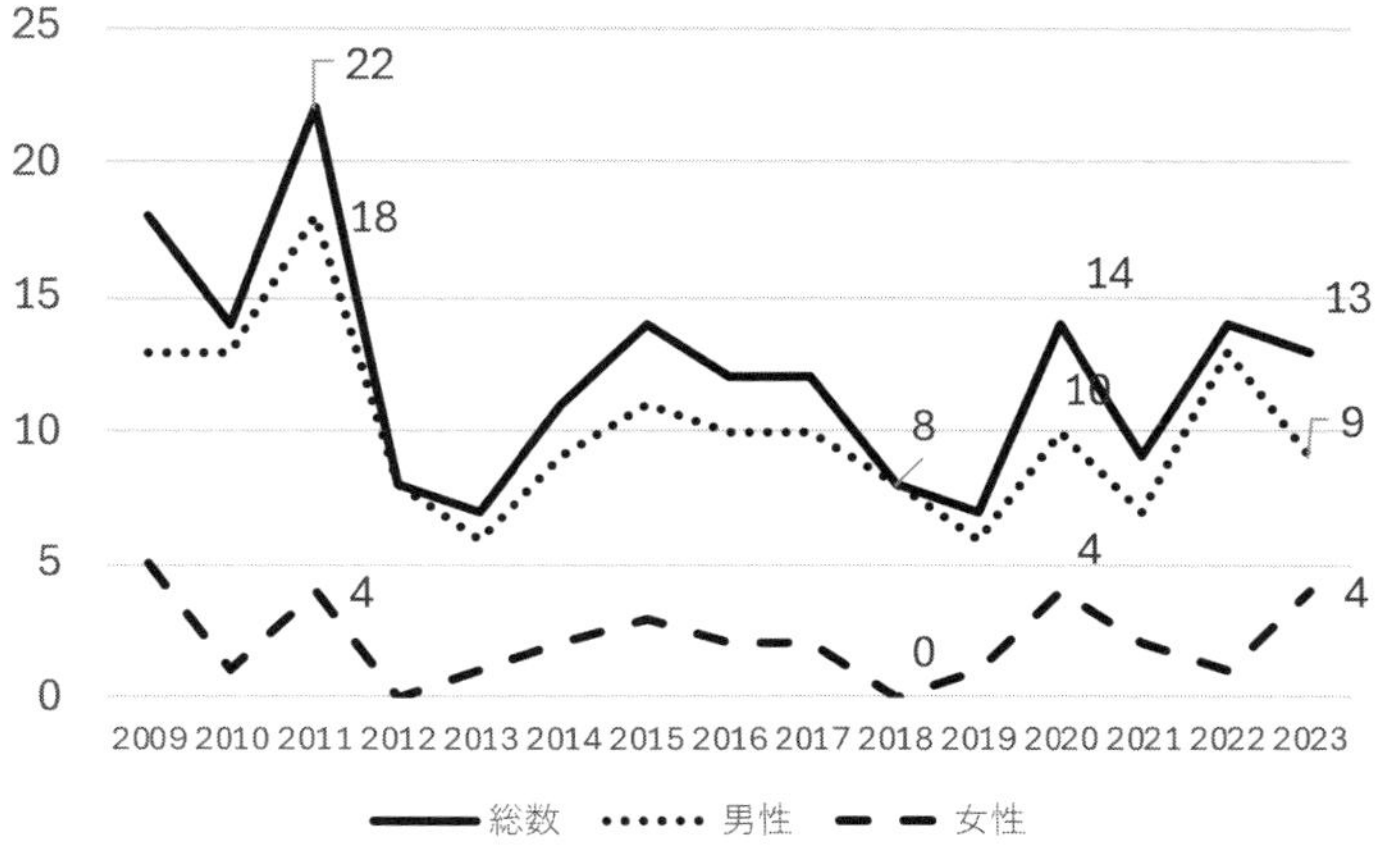

出典：厚生労働省：地域における自殺の基礎資料をもとに筆者作成。

3　八重山保健所へのインタビューとフィールドワーク

二〇二四年二月二七日、午前中の便で石垣島に向かった。那覇空港からは一時間ほどのフライトで、南ぬ島《ばいしま》石垣空港に到着した。観光地だけあって、午前中にもかかわらず空港は観光客で賑わっていた。普段、石垣島までなかなか来ることはないが、前述した人頭税（五六ページの**コラム**参照）やそのほかの研究のため、最近の二年間で六回ほど訪れている。

南ぬ島石垣空港に着くと、石垣島に在住している後輩が迎えに来てくれた。趣味で卓球をしている私だが、彼は石垣島出身で、島内の子どもたちに卓球を教えるとともに、選手の育成に力を入れている。「今回、八重山保健所でインタビューをするんだ」と伝えたところ、「八重山保健所まで送る」と言って、迎えに来てくれたわけである。

「今回は、何の研究で来たんですか?」と聞かれたので、「自殺対策のインタビューで来たよ」と答えると、「自分の身近にも、自殺した人が何人もいますよ。親子で自殺した人もいるし……」と話しだした。

身近に、それも知り合いを自殺で亡くしているという人がいるという事実にはやはり驚いてしまう。最近の石垣島の話を聞くと、観光客が戻ってきたこと、そして自衛隊の駐屯地ができたこともあって、経済的には潤っているようだ。

インタビューは午後からなので、卓球関係者の家族が経営しているお店で唐揚げ定食を食べた。ご飯がマンガみたいに大盛になっており、カツカレーやカツ丼は一人で食べきれないほどの量らしい。二人で食べていると、同じく食事中の経営者が、「また、来たの？　今日は何の用事か？」と声をかけてくれた。

前述したように、石垣島には何度も来ている。石垣島と宮古島では「先島体育大会」というイベントが毎年あり、対抗戦をしている関係で、卓球関係者同士のつながりもある。私が「自殺対策の調査で……」と答えると、「難しそうな内容だな」と言って仕事に戻っていった。

そう、「自殺」という問題を取り扱うことは、客観的に見ると難しい問題なのだ。

後輩が、石垣島の卓球メンバー間で対立が起きていると話しだした。つい最近まで仲良くやっていたが、納得できないことがあった、とのことである。一時間ぐらい話が続いたが、この場面だけを切り取っても、島での難しさを感じてしまう。

仲のいい間は問題ないが、仲が悪くなった途端、どちらも行き場を失ってしまう。本土であれば別の地域に行けばいいが、かぎられた島のなかでは練習場所すら替えることができないし、大会ともなれば会ってしまうことになる。もちろん、生活圏においても同じである。本人だけではなく、周りにも影響を与えることが多いだけに、かぎられたコミュニティにおける生活のしづらさを感じてしまう。

食事後、八重山保健所まで乗せてもらった。ちょうど私の処女作が出版されたこともあって、保健所近くにある書店に寄ってみたが、探すことができず、後輩は申し訳なさそうな顔をしながら卓球の本を購入していた。そして、「今回は仕事の合間を抜けだしてきた」と言い、仕事に戻っていった。

一四時に、八重山保健所に着いた。資料などを用意して待っていてくれたようで、それらを持ちながら、課内の面談室みたいなところに案内された。

この日のインタビューに協力いただいたのは、担当者一名（保健師）である。上司（班長）も同席するとうかがっていたが、急な業務のために同席できないとのことだった。以下でインタビューの内容を紹介していくが、公務員のため名前は記載しないことにする。

八重山保健所

まずは、自殺者の把握状況についての質問である。

私　自殺の把握状況は、どのように行っていますか？

保健所職員　基本的には、厚生労働省が発表している自殺の基礎資料を集計しています。タイムリーに、すべて把握はできていませんが、石垣市と消防が連携していますので、消防が把握した既遂者に関しては、保健所への相談歴の有無について、石垣市の障害福祉課から確認が来たときに把握しています。石垣市は、全数ではなく、消防が対応した事例に関しては把握していると思います。石垣市の自殺者は年間一〇名前後で、消防がそのうちの半数を把握しているようです。それ以外にも、警察だけが把握しているデータもあります。

次の質問は、警察署との連携である。既遂者の情報提供も含めて尋ねてみた。

私　警察との連携はありますか？　たとえば、既遂者の情報提供なども含めて。

保健所職員　既遂者に関しての連携はありませんが、未遂者支援に関しては連携があります。保健所が運営している「地域支援連絡票」というのがありまして、八重山版を使っています。警察と消防と病院から保健所に、紙を使っての報告が届くのですが、本人の同意があることが前提となりますが、本人が希望した場合には支援をするという取り組みを行っています。地域支援連絡票が保健所に届くと、市町村の障害福祉課の担当者と一緒に訪問するという流れになっています。

地域支援連絡票とは、相談者の情報や相談内容などを記録することで情報の共有が図れるというシートである。同意を得る必要はあるが、支援につながるという点では重要なシートである。

次の質問は、八重山保健所が取り組む自殺対策についてである。

私　八重山保健所の自殺対策について教えてください。

保健所職員　年に一回、関係機関連携会議を開催しています。教育関係者やDV関係機関など、その時々の議題に応じて依頼をしています。圏域会議ですので、石垣市以外にほかの二町も含めています。

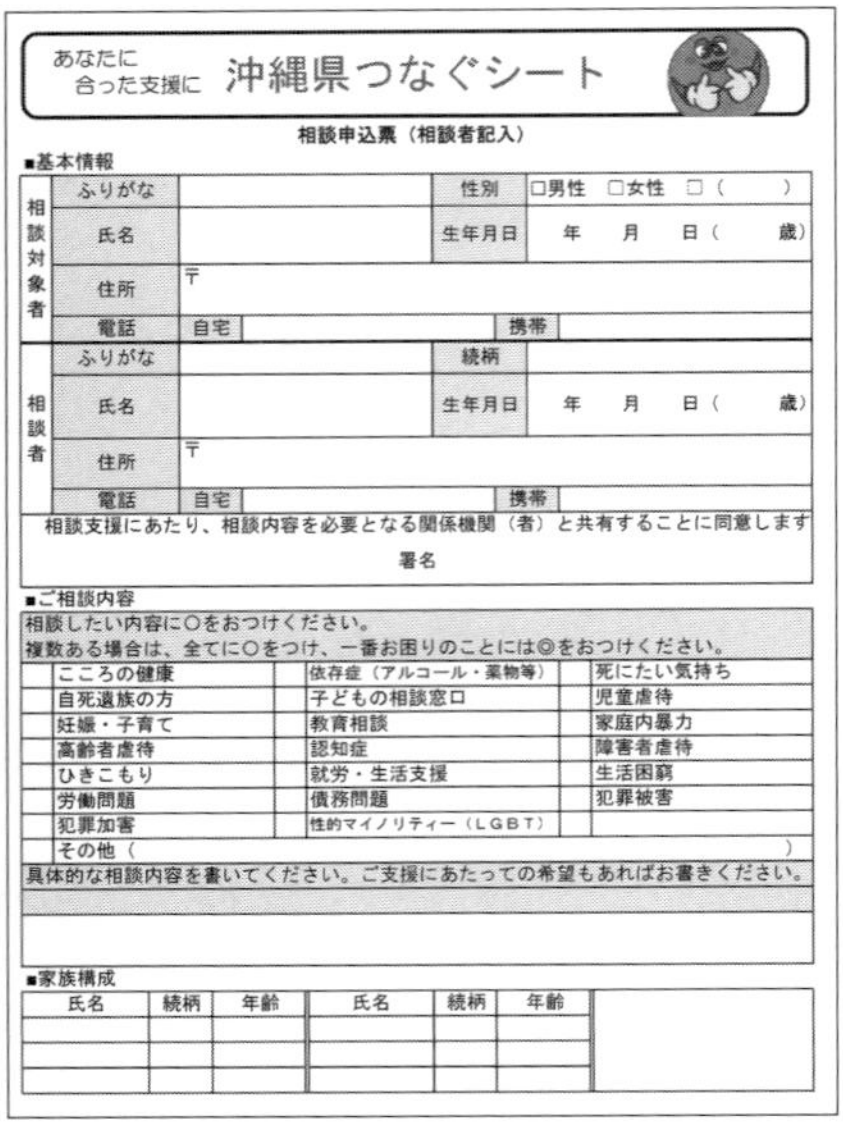

あなたに合った支援に　沖縄県つなぐシート

相談申込票（相談者記入）

■基本情報

相談対象者	ふりがな		性別	□男性　□女性　□（　　）
	氏名		生年月日	年　月　日（　歳）
	住所	〒		
	電話	自宅	携帯	
相談者	ふりがな		続柄	
	氏名		生年月日	年　月　日（　歳）
	住所	〒		
	電話	自宅	携帯	

相談支援にあたり、相談内容を必要となる関係機関（者）と共有することに同意します

署名

■ご相談内容

相談したい内容に○をおつけください。
複数ある場合は、全てに○をつけ、一番お困りのことには◎をおつけください。

	こころの健康		依存症（アルコール・薬物等）		死にたい気持ち
	自死遺族の方		子どもの相談窓口		児童虐待
	妊娠・子育て		教育相談		家庭内暴力
	高齢者虐待		認知症		障害者虐待
	ひきこもり		就労・生活支援		生活困窮
	労働問題		債務問題		犯罪被害
	犯罪加害		性的マイノリティー（LGBT）		
	その他（　　）				

具体的な相談内容を書いてください。ご支援にあたっての希望もあればお書きください。

■家族構成

氏名	続柄	年齢	氏名	続柄	年齢

図6－4
地域支援連絡票　つなぐシート

参考　沖縄県＞保健医療部 地域保健課＞精神保健班＞自殺対策
こころの電話相談　098-888-1450　9:00 ～ 11:30、13:00 ～ 16:30 ／月、水、木、金（祝祭日除く）
（総合精神保健福祉センター）

竹富町は石垣市内に町役場があるので参加してくれますが、与那国町は離れているので、なかなか参加が難しいようです。

石垣市以外は、自殺対策事業を実施していないというのが現状です。もちろん、一般的な窓口はありますが……。

それ以外に、実務者会議というのがあります。先ほど伝えた未遂者支援にかかわる機関が集まるので、八重山病院、市役所、警察署、消防の人が参加します。年に一回、必ず行っていますが、ケース会議も含めているので、上限は決まっていません。二〇二二（令和四）年は四回開催されました。私が来てからは一回ぐらいですね。

そもそも、地域支援連絡票の提出数は年によって違います。一昨年は一〇名程度の提出だったのですが、今年は二名です。重要度が高かったら集まるという形になっていますが、一年に一回の振り返りをしようかと計画しています。

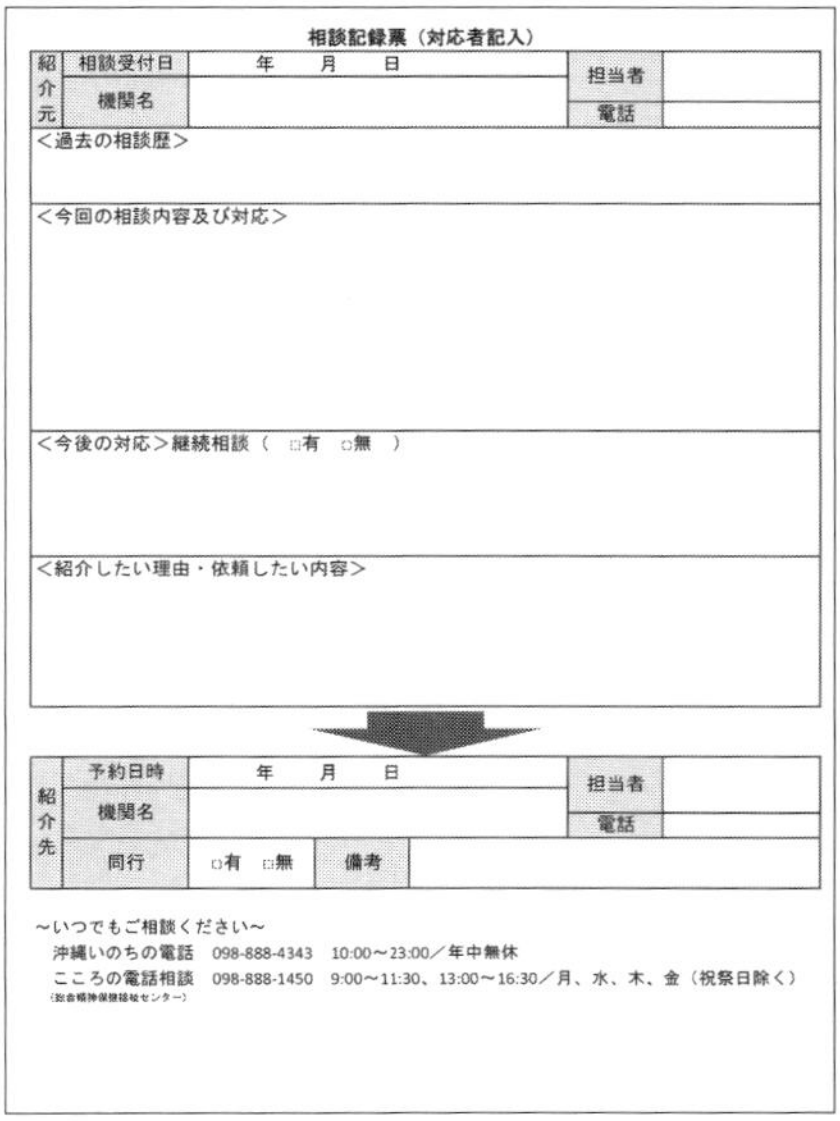

相談記録票（対応者記入）

紹介元	相談受付日	年　月　日	担当者	
	機関名		電話	

＜過去の相談歴＞

＜今回の相談内容及び対応＞

＜今後の対応＞継続相談（ □有　□無 ）

＜紹介したい理由・依頼したい内容＞

紹介先	予約日時	年　月　日		担当者	
	機関名			電話	
	同行	□有　□無	備考		

～いつでもご相談ください～

沖縄いのちの電話　098-888-4343　10:00～23:00／年中無休

こころの電話相談　098-888-1450　9:00～11:30、13:00～16:30／月、水、木、金（祝祭日除く）

（総合精神保健福祉センター）

保健所は八重山圏域管轄であるため、石垣市だけではなく、ほかの二町も把握しなければいけない。また、県として圏域の会議などを行い、圏域内の自殺予防に向けた会議に取り組んでいることが分かった。

次の質問は個別支援についてである。

私　個別支援ですが、どのような支援をしていますか？

保健所職員　地域支援連絡票を用いた個別支援ですね。保健所が本人に連絡を取って、訪問、電話、来所という形で状況確認といった支援を行っています。

私　電話支援はありますか？

保健所職員　「心の相談で電話しました」と言って、連絡が入ります。希死念慮があるというよりは、何かうつうつとした感じをどうにかしたいという内容が多いような気がします。希死念慮がある人に関しては、家族からの相談が多いですね。実人数で三〇名ぐらいです。

私　市役所でも相談電話が多いとうかがいましたので、相談しやすい環境にあるということなんですね。

保健所職員　保健所に連絡をくれるという人の大半が、三年に一回の異動で職員が代わるため、知り合いがいないというのが理由です。知り合いが市で働いていると相談しづらいようです。

多くが、家族からの相談です。電話相談が多いのですが、最終的には来所や訪問に調整し、実際にお会いするようにしています。

私　保健所は、どのような人に対応されるんですか？

保健所職員　保健所が対応する場合は、精神疾患で困っている未治療や治療中断などです。生活困窮になると、やはりサービス面を考えて市に紹介することもあります。

アルコール依存症の相談が近年は多いですね。それは、結果としてそうなっているだけで、借金や心の苦しみで飲酒し、病院にも行けない状態となって家族が困っているという感じです。

本書には掲載していないが、保健所への相談理由として、「知り合いがいない」というのはほかの離島でも聞いている。話しにくいことは住民以外に相談するというのは、住民にとっては苦肉の策なのかもしれない。

続いて、研修会について質問した。

私　どのような内容の研修会を保健所ではされていますか？

保健所職員　支援者向けの研修会です。訪問看護師や、市役所職員などが対象です。二〇二二（令和四）年度は医師に依頼して、リスク評価をお願いしています。自傷行為と自殺は違うということからはじまって、希死念慮の程度や自殺の再企図のリスクも含めて具体的な話をしていただいております。

私　ゲートキーパー研修よりも一歩踏みこんで、技術的な支援をするという感じですか？

保健所職員　そうですね。実際に「切っている」という現場に行かれる訪問看護師が病院につなげるときに必要とされる知識としてやっていたようです。消防、病院、相談支援事業所など、二〇人程度の参加がありました。

私　消防が積極的にかかわっているんですね。

保健所職員　石垣市は、消防がかなり力を入れていますね。市が実施しているゲートキーパー養成講座にも、消防の職員向けものがあります。全国的にも珍しい取り組みのようです。地域支援連絡票のスタートは、消防がやるせなさを感じるというのがきっかけです。

同じ理由で何回も搬送しており、本人の自傷行為で搬送しているのですが、かかりつけ医もおらず、病院受診もしないので、どこの機関ともつながっていないわけです。そのような人を、消防や警察が繰り返し対応をしているわけです。何かできないのかっていうことで、地域支援連絡票がスタートしたそうです。

ゲートキーパー養成よりも一歩踏みこんだ研修会を実施していた。市民のゲートキーパーの養成も必要であるが、場面に遭遇する可能性の高い支援者への研修会を行うという形で技術の向上を目指しているように思える。また、対峙することの多い消防からはじまった取り組み方で積極的にかかわっているため、連携体制が非常にとりやすいと感じた。

次は、青少年に対する対策に関する質問である。

私　学校への支援をされているのであれば、教えてください。

保健所職員　県の教育事務所が一市二町集まる教育委員会や先生が集まる会議で、「自殺未遂者支援の話をしてほしい」と呼ばれました。小・中のスクールカウンセラーや学校の先生を対象としたものです。

私たちが開催している圏域の会議では、小中高の養護教諭を呼んで、事業に関する説明もしています。石垣島では、中学校から高校に上がるときに引き継ぎをするようで、リストカットの経験がある生徒については高校でも引き続き見られるように、つないい、つなぎを意識して取り組んでいるようです。

特定される可能性があるため具体的な記述は避けるが、個別支援連絡票から学生の自殺未遂が挙がってきたようである。

保健所職員　その際、警察からお母さんへのフォローを依頼され、保健所としてはお母さんにかかわっていました。お子さん本人にかかわれる機会があったらいいのですが、本人が拒否することもあります。本人との信頼関係がつくれているのは学校の先生ですので、こちらとしても、学校の先生に支援の中心になっていただく部分が大きいです。

ただ、その学校の先生方もどのように対応していいのかが分からなかったり、常駐のスクールカウンセラーもおらず（月に二回は派遣されているようだが……）、本人や家族への支援は養護教諭とかが代わりを担うような感じになっていました。結局は、児童の担任に一番負荷がかかっている状況になっていました。外部機関としては、「自分たちも担うから言ってほしい」と伝えていますが、できるかぎり自分たちで解決しようとしてくれています。

現在、教育機関と保健医療分野をつなげるための「子ども・若者の自殺危機対応チーム」を県がつくっており、精神科医とか心理士の先生方が個別対応の仕方までアドバイスをするようなので、このチームができたら、担任の先生だけに負荷がかからないようになると考えています。

私　今は学校にスクールソーシャルワーカーが配置されているので、家庭環境とかの調整を依頼するなど、もっと連携体制がとれればいいかと感じています。外部機関は、待ってはいるけど学校側が外と連携しないというような状況があるようですし、検討会議をしても、情報について教えてもらえないという話を聞いたことがあります。

保健所職員　福祉とのつながりはあるみたいなんですが、保健医療部とのつながりがまだ薄く、それが次の課題ですね。教育委員会と教育事務所（教職員人事に関する市町村との連絡調整や指導主事の派遣など、域内の市町村教育委員会に対する支援機関として重要な役割を果たす機関）とは同じ方向を向いてきたなと感じています。学校によっては、対策マニュアルがつくられておらず、先生方も、事案が起こったときにどのように対応していいか分からないとか、誰に報告していいのか分からないという話をかなりされていました。今やっと、ニーズがキャッチできはじめたところです。

過去の自殺対策事業を見ていると、かつては与那国町への離島診療のタイミングに合わせて、校長先生などを対象にした研修会を開催していました。次年度は、そういうタイミングを見計らって、精神科医と学校長とのつながりがつくれたらと思っています。

若い世代の自殺が減少していないため、教育機関との連携は必須となる。ただ、ここでの話のように、教育機関では担任が抱えこまざるをえない構図となっている。私は、二〇二三年から沖縄県の公立学校教職員メンタルヘルス対策検討会議委員を担当しているが、沖縄県では休職者が多いという状況がある。保健所職員が示した「子ども・若者の自殺危機対応チーム」についても、検討会議のなかで挙がったことがあるので、今後、実施していければと思っている。最後の質問は、圏域における課題である。

私　圏域における課題について教えてください。

保健所職員　やはり、石垣市以外の二つの町における自殺対策計画の策定ですね。役場も多くの業務があるなかで対応している状況ですから、マンパワーが足りないなかでどうやって策定できるのかについてともに考えたいです。

中高年の男性に対する相談支援について、例のように居酒屋やスナックでのゲートキーパー案を出したところ、以下のような回答が返ってきた。

保健所職員　地域支援連絡票などで挙がってくる自傷行為をする女性のなかには、夜のお店で働いて、傷ついて帰ってきて、自傷行為をするというパターンの方もいます。実際、相談のあった女性から、中高年の男性に傷つけられたという話を聞いたことがあります。きっと、傷つけた男性側も辛かったりとか、悩みを抱えていたのでしょう。そんな女性のためにも、そして中高年の男性のためにも、助けになるだろうと感じました。

日本では、中高年の自殺者が多い。その背景として、相談や悩みを打ち明ける場所がないと言われている。私は、心が疲れた中高年の相談場所としてスナックなどが機能しているんじゃないかと思っていたが、その中高年がスナックなどで働く女性を傷つけているという話は初めて聞いた。中高年だけでなく、働く女性への支援も必要になる。

保健所職員　一般的に、周りの人たちも怖いようで、病院につなぐといったかかわりを希望する人が多いです。そこではなくて、地域支援者による自殺対応力を上げていく取り組みが必要だと思います。

自殺リスクが高いのは、うつなどをはじめとした精神疾患という印象が強いかもしれないが、実は借金などの生活困窮が理由の場合も多い。これは、私が役所で生活困窮の部署にいたときに感じたことでもあるし、拙著『自殺者を減らす！——ゲートキーパーとしての生き方』において、東尋坊（福井県坂井市）の茂さんが話していたことでもある。生活困窮が解決すれば自殺リスクはまちがいなく下がるので、地域における対応力を高めることは必要かもしれない。

八重山保健所においては、八重山圏域として三市町の動向を把握しながら、県レベルでの関係機関との連携を行い、石垣市役所のバックアップ体制を取りながら共同して取り組んでいる話が印象的であった。

インタビューを終えて宿泊先に向かい、仕事のメールを返していると、卓球の後輩が迎えに来てくれた。子どもたちが練習している卓球の相手をしてほしい、とのことだった。卓球の相手をしながら学校の話などを聞くと、担任の先生は大変だ、と感じてしまった。

4　ユニオン副代表、石垣市民、医療従事者、石垣市議へのインタビュー

二〇二四年一月に石垣市役所へのインタビューを実施したが、研究成果事業として公表するための許可を得ようとしたところ、「公表不可」との連絡が入った。複数回交渉したが「公表許可」が出るのは困難だと感じ、断念した。

そのため、再度、インタビューを行うことにした。石垣島在住の後輩に連絡したところ、石垣ユニオンの副代表、住民、医療関係者、石垣市議を紹介してくれたので、七月に改めて石垣島を訪問することにした。

七月一七日の九時二五分に出発する飛行機に搭乗した。夏休み直前ということもあり、機内は

多くの観光客であふれていた。約一時間後、南《ぱい》ぬ島《しま》石垣空港に着陸した。交通安全月間ということもあり、ゲートでは小さな子どもたちが「安全運転に気を付けて下さい」と言いながら、警察官と一緒にポケットティッシュを配っていた。

バス乗り場から石垣市内へと向かう。インタビューの前に伺いたい場所があった。そこは、「NPO法人しあわせさまさま」というところである。

実は、二〇二三年度に教職大学院の先生方とともに、「障害者就労支援飲食店応援アプリケーション『DERIA』の開発と社会実装」という研究をしていた。簡単に説明すると、沖縄県内の障害福祉事業所が運営する飲食店を紹介するアプリケーションをつくろうという取り組みである。そのとき、離島では唯一の「NPO法人しあわせさまさま」が協力してくれたので、そのお礼を兼ねての訪問である。

空港でティッシュを配る子どもたち

「NPO法人しあわせさまさま」は、代表理事である井手祥子さん自身が障がい者になり、「本当に大切なものは何か?」と改めて考えたとき、心と体の健康、人とのつながり、自然との調和が大切だと気づいて開所されたという(ホームページを参照)。

大浜のバス停で下車した。バス停から歩いて数分のところに、焼き立てパンの幟《のぼり》を見つけた。「NPO法人しあわせさまさま」の販売所、「しあわせこいこい」である。所狭しに並べられたパンは、天然酵母のパンや米粉ベーグルなどの身体によさそうなパンのほか、「罪悪感のないあんぱん」というユニークな名前がついたパンもあった。パンをいくつか購入して、お店の人に井手さんを呼んでもらった。

奥の工房から井手さんが姿を現した。すぐさま、井手さんがパンについて説明してくれた。水からこだわってパンをつくっており、無添加の小麦を石臼で挽いて、全粒粉でつくっているとのことだった。店内でお話を聞きながら、先ほど購入したパンといただいたパンを食べながら、コーヒーを飲んだ。

ふと見ると、スタッフも障がいのある人のようで、販売やレジなどのほか、パンの製造にも携わっているという。一生懸命仕事している姿、本当に印象的であった。「今後は発酵食のレストランなどもできたら」と、井出さんは話されていた。

これまでにも障害福祉事業所などが販売しているパンを食べたことはあるが、ここまで質の高いパンを食べたことはない。こだわりの詰まったパン、とても美味しかった。市役所などにも並ぶそうなので、ぜひお時間あれば購入していただきたい。

井手さんは、同じ事業所である「しあわせさまさま」も案内してくれた。井手さんの息子である博史さんが大阪から来て、「NPO法人しあわせさまさま」の代表理事として運営されているようだ。事業所のなかでは、障がいのある人たちが焼き物の造形や赤米の選別、小物づくりなどをしていた。また、子どももいたので尋ねると、井手博史さんが「子どもの居場所にもなっているんですよ」と話してくれた。

事業所を後にして、中心部に向けて歩いていると、日本最大級のディスカウントストアや大手インテリア用品店などが見えた。離島というと田舎のイメージがあるかもしれないが、石垣島はそこらの田舎より十分に都会である。

しばらくすると後輩が迎えに来てくれた。今回も卓球関係者の家族が経営しているお店で昼食を食べている。ほぼ満席で、観光

販売しているパン

「しあわせこいこい」の外観

客や住民らしき人も多くいた。裏メニューがあるというので、ポン酢のかかった「鶏ポン定食」をいただいた。これも、量は多かったが美味しかった。

食べていると経営者が来られて、「おー！　また研究で来たのか」と声をかけてくれた。時々しか来れないが（ここ二年間は頻繁に来ているので、時々でもないかも）、こういうときには人と人とのつながりが感じられてとても嬉しい。

後輩が「移動が大変でしょう」と言い、原付バイクを貸してくれた。ハイオクしか入れないというから、ある意味高級車である。普段はあまり乗っていないようで、ガソリンの給油とタイヤの空気入れを頼まれたので、近くにある給油所まで向かった。最近はセルフが多いが、ここでは若者が忙しく走り回りながら給油をしていた。給油をしてもらい、タイヤの空気も入れてもらった。とても暑い日だったが、高校生ぐらいの若者が丁寧に対応してくれた。

鶏ポン定食

インタビューまで時間があったので、先にホテルにチェックインすることにした。チェックイン時に宮古島の出身という話をしたら、スタッフが、「宮古島と八重山の離島の人だったら、ホテルのサイトから直接予約したほうが少し安く泊まれたのに……。今回は予約サイトだから値引きはできないんですが……」と話しだした。

私が「先島《さきしま》（宮古諸島、八重山諸島の総称）の人は安くなるんですね」と言うと、「先島の人にはお世話になっていますからね」という答えが返ってきた。

島民以外の人には分かりづらいと思うが、各島民は近くの島に対抗意識をもっていることが多く、人口規模の差がない宮古島と八重山にも対抗意識がある。そんななか、宮古島のことも考えてくれるこちらのホテルはありがたい。

部屋に荷物を置くと時間になったので、原付で近くのコーヒーショップへ向かった。その入り口で、今回協力してくれた石垣ユニオン副委員長の西村幸吉さんが待っていた。

西村さんの略歴を紹介しておこう。西村さんは関東の出身で、大学を卒業後、関東の小学校教員として勤務し、退職後、奥さんの地元である石垣島に、十数年前に移住してきた。現在は、石垣ユニオンの副委員長として活動している。ご存じのとおり、ユニオンとは企業や職種を問わず、労働者によって組織された労働組合のことであり、西村さんは労働者からの相談などを受けている。

まずは、石垣市自殺対策計画を提示しながら、石垣市の自殺数や取り組みについて尋ねてみた。

私　石垣市で、毎年、一〇人前後の方が自殺していますが、ご存じですか？

西村　そんなに自殺される方が多いんですか。毎年一〇人前後が自殺しているとは……知らなかったです。

私　では、石垣市の自殺対策についてはご存じですか？

西村　ゲートキーパーとかは知っていますが、そこまで石垣島の自殺に対して意識したことがなかったので、ちょっとびっくりしています。

続けて、石垣ユニオンとして活動されている立場からの質問をした。

私　西村さんの立場から感じる点はありますか？

西村　私の立場からですと、石垣島には労働組合というのが少ないんですね。公務員とか大きな団体ならありますが、中小企業などだとなかなかないんです。労働組合がない労働者を守るためにユニオンという組織があります。たとえば、非正規公務員の人たちからは、「頑張って仕事をしても待遇が悪い」という相談があります。ほかにも、内地から来た人間がつくった福祉事業所で勤務している人から、「宿直しても、仮眠時間が労働時間に含まれない」とか「労働条件を守らない」という相談があります。

月に一回開催している「ゆんたくの会」という労働者からの相談を受ける会があり、そこに相談者が集まります。石垣島の人は争うのが好きじゃないようで、伝えずに我慢するんですね。そして、精神的に参ってしまう。また、「自分の名前は言ってくれるな」ということもあります。小さいコミュニティだから、隣近所を意識して言いづらいのかもしれません。名前を出して交渉したほうが待遇はよくなるんですが……。

私　そのほかにも、労働という視点から気づいた点はありますか？

西村　石垣島は物価が高いんですよね。生活のために、仕事を三つほど掛け持ちしている人もいます。地元の人は、家があったり、近くに家族がいたりするから何とかなるかもしれないですが、内地から来ると生活がしにくいと思います。

私　移住者の受け入れはどうですか？

西村　私は妻が石垣出身ということもあり、楽しく生活しています。私のように、定年後にのんびり生活しようと思って移住してくる人でも、体調に問題があった場合などは、医療的なことを心配して戻られる人や、若い人だと、物価が高いために生活が苦しくなって戻るという人もいます。結構、入れ替わりが激しいんですよ。また、移住者のコミュティが脆弱で、孤立しがちになるということもあります。

私　西村さんの立場から、自殺を予防するためにはどのような取り組みが必要だと思いますか？

西村　労働の視点からですと、自分の立場を守るということが大事だと思います。働く環境をよくするために自分で要望を出して、コミュニケーションを図っていくということが大事だと思います。

およそ一時間近く西村さんと話した。全国的に働き盛り世代の自殺者の割合が高いのだが、それは過労や追いこまれた末の自殺である。西村さんの話をうかがうなかで思ったのは、自分の立場を守り、働きやすい環境をつくることが労働者の自殺を減らす要因につながるということである。

西村さんと別れたあと、石垣島の名所であるサザンゲートブリッジを歩いた。橋からは船や多くの観光客が見えた。下を見ると海だが、思ったよりも潮の流れが速かった。

夕方、後輩から「子どもたちと卓球をしてくれ」という連絡があったので、少し遅れて行くことにした。いつも相手する小学生に加えて中学生もいて、大会に向けて真面目に練習していた。毎

サザンゲートブリッジ

回のことだが、相手をするたびに強くなっているような気がする。小学生は数か月前の沖縄予選で入賞し、九州大会、全国大会へ出場するとのことだった。

私が宮古島にいたときはそこまで強くなかったが、離島の出身者の場合、沖縄本島の大会に出るとなると時間とお金がかかるし、本島より大会が少ないために経験も少なく、不利になる。そんななかで練習を積み、入賞するというのは、本人の努力はもちろんだが、家族や周りの人たちの支えがあるということだろう。

卓球の相手をしていると二一時頃になった。次は住民と、医療関係者へのインタビューである。医療関係者は最終便で石垣島に戻ってきたようで、そのままインタビューに協力してくれた。本当にありがたい。場所は居酒屋、三〇代の住民Aさん、医療関係者Bさんから話をうかがった。最初に話しだしたのはAさんである。

A　知り合いが飛び降りで自殺したこともあるし、同級生が首つりで自殺したこともあります。僕らの年代は、自殺者が多いように感じています。知り合いがビルから飛び降り自殺をしたのは二〇年前で、その十数年後には、その息子が内地で自殺をしています。

冒頭からショッキングな話となったが、Aさんは言葉を続けた。

Ａ　家庭環境というのは重要だと思います。とくに、生活困窮は何といっても苦しい。僕が内地で働いていたとき、八重山に生活困窮の同級生がいたのですが、「自殺したら嫌だなー」と思って、チケット代を僕が出して、内地に呼んで一緒に仕事をしていました。そのときは順調に仕事をしていたのですが、僕が八重山に帰ることになって、コロナあたりかな、そのときに連絡したら、仕事がなくなって引きこもりみたいになっていたんです。やばいなーと思って、またチケット代を払って、八重山にある自分の会社に呼びました。今は社宅に住んで、頑張って仕事をしています。友達だから、自殺したら嫌だなーと思ったので。

私　毎年、一〇人前後が自殺で亡くなっていますが、知っていますか？

Ａ　そんなに多いとは知らなかったです。つい最近も、飛び降り自殺があったな。自殺を防ぐためには、近くに相談できるところが必要だと思います。島の人は、絶対やめてほしいって思っていますから。

私は、石垣市のホームページで公表されている「こころの相談窓口ポスター」を見せて、次のように尋ねた。

私　このようなポスターを見たことありますか？

A　あるある。コンビニとかにあるやつですよね。正直、選択肢が多すぎるなーと思います。だって「死にたい」と思ったときにこのポスターを見て、「どこに電話しようかな」とはならないし、追いこまれたときのことを思うと、単純に一つだけ電話番号が書かれていたほうがいいと思います。

次は、島内の医療機関に勤務しているBさんに話をうかがった。

私　これまで勤務されていたなかで、現場ではどのようなことがありましたか？

B　飛び降りや首つりなどで病院に運ばれてきたとき、処置したことがあります。また、尋常じゃないほど薬を飲んでOD（オーバードーズ）で運ばれてくることもありますし、リストカットなども入れると、実際の自殺者以上に多くの未遂者がいると思います。想像したくないでしょうが、飛び降りで足から落ちたら、足の骨が出ていたりします。

ラストオーダーの時間ということで居酒屋のマスターがやって来て、「集まって何の話をしているの？」と声をかけてきた。Aさんの友人ということもあり、Aさんが「自殺の現状について聞きに来ているからインタビューに応えているさー。ここでもそんなことある？」と聞くと、マスターが次のように話された。
「ちょうど先週、三〇代ぐらいの島の女性が一人で来ていて、ベロンベロンに酔っぱらっていたので話を聞くと、仕事がうまくいっていないと話していたさ。『死にたい』と言って、サザンゲートブリッジに向かっていったあと、パトカーが複数台出動して止めてたよ。自殺はしなかったけど、大騒ぎだったさ」

約二時間近くインタビューをさせてもらった。自殺数や自殺対策の研究をしている私にとっては、興味深い話であった。医療従事者が話していたように、自殺者数の何倍もの自殺未遂者がいるというのは、どこでもよく耳にすることだが、具体的な話を聞いたのは初めてで、自殺未遂者の処置をする医療従事者の大変さを感じてしまった。また、マスターの話から、自暴自棄になった人の現状が少しだがうかがえた。

さらに、身近な友人を自殺で亡くしているというAさんの、「追いこまれたときは単純に一本だけ電話番号を記載したほうがいい」という話は貴重な意見であった。なぜなら、掲載許可が下りなかったが、市へのインタビューや関係者からは、「こころの相談窓口ポスター」はさまざまな分野の窓口の電話相談番号が書かれていて、相談しやすいということで評価が高かったからである（こころの相談窓口ポスターについては、市のホームページを参照）。私も市の関係者と同じように考えていたので、Aさんの指摘にはハッとさせられた。

その後、Aさんと山羊汁を食べに行った。山羊といえば、山羊ミルクやチーズなどのイメージが一般的だと思われるが、沖縄には山羊汁を食べるという文化がある。骨ごとブツ切りにした山羊肉を煮込んだスープで、独特のにおいが特徴的である。お店で食べるとステーキよりも高い高級料理で、お祝いなどで振る舞われることが多い。沖縄県民でも好き嫌いが分かれる食べ物だが、ぜひチャレンジしてみてほしい。ちなみに私は、山羊汁に宮古ソバを入れて食べるのが好きである。

山羊汁

翌朝は、石垣市議会議員である長山家康さんへのインタビューである。今回、石垣市役所のインタビューが公表不可になったため、後輩にお願いし、紹介してもらったところ快諾していただいた。午前中の時間を割いていただき、カフェでのインタビューとなった。

長山市議の経歴について簡潔に説明すると、石垣市出身で、八重山高校卒業後、成蹊大学入学（在学時にユタ州ユタ大学留学）し、卒業後は企業勤務を経て石垣市議会選挙へ出馬し、二六歳で初当選を果たしている。現在三期目という、将来有望の市議である。

最初の質問は、石垣市の自殺の状況についてである。

私　石垣市の自殺の状況について教えてください。

長山　近年、石垣市では年間一〇人以上の方が自殺で亡くなっており、一〇万人あたりの自殺死亡率は、沖縄県や国よりも高く、徐々に高くなる傾向にあります。とくに、男性では二〇歳代から四〇歳代、女性では三〇歳代の自殺者死亡率が沖縄県や国に比べて高くなっています。

長山家康市議

石垣市の自殺者の特徴は、若者の自殺者が多いということである。詳細な分析については市役所からも聞いていないので断定はできないが、昔からの島民が自殺したという可能性もあれば、若者の移住者が多いので、移住者の自殺ということも考えられる。

この質問とも関連するが、若者の自殺率が高いことから、市議も同世代の人を自殺で亡くしているかどうかをうかがった。

私　身近なところで、自殺された方はおられますか？

長山　同年代で自殺した方が数名います。また、飲食店でも、突然見なくなったので聞いたら「自殺した」という話を聞いたこともあります。石垣島は狭いコミュニティでもありますし、社会資源などが少ない分、選択肢が狭まってきて、自殺が思い浮かびやすいのかもしれません。そのため、すそ野を広げていくような取り組みが必要だと考えています。

昨日のAさんもそうだったが、市議も同世代の人を数名自殺で亡くしていた。狭いコミュニティのなかで追い詰められて、逃げ場がなくなって自殺するということが考えられる。となると、島の出身者の自殺も多いという可能性がある。

続けて、市としてどのような自殺対策に力を入れているのかと尋ねた。

私　石垣市では、自殺対策としてどのようなことに力を入れていますか？

長山　石垣市では、二〇二〇（令和二）年に「石垣市自殺対策計画」を策定し、「誰も自殺に追いこまれることのない社会」の実現に向け、計画を実施しています。具体的には相談窓口の充実や、転居や転職、卒業など、人生の節目になる人が多くなる三月に、「自殺対策月間」

としてパネル展やリーフレット配布などの周知に力を入れていることや、自殺を考えるほどの悩みを抱える人に気づき、寄り添い、必要に応じて関係機関につなげるゲートキーパーの養成に力を入れています。

私　では、自殺を予防するために、どのような取り組みや支援が必要だと思っていますか？

長山　自殺予防のためには、現行の相談窓口の強化が必要です。具体的には、相談窓口の受付時間を拡大し、いつでも誰でも、気軽に相談できる環境を整えることが求められます。また、ゲートキーパーの養成とその重要性の周知にも、さらに力を入れるべきだと感じています。

しかし、これらの取り組みは、担当課だけで終わらせてはいけません。全庁的な取り組みとして、市全体、さらには地域の各種団体や自治会とも連携を強化していく必要があります。孤立を防ぐためには、市民一人ひとりが他者への関心をもち、寄り添う姿勢を育むことが大切です。それを実現するために、多様なコミュニティづくりを支援することが重要だと考えています。

一つのコミュニティから距離を置いた場合でも、ほかのコミュニティに頼ることができるような、つながりのある社会を築くことが、孤立化を防ぎ、支えあう街づくりにつながるのではないでしょうか。

最後に、石垣市の自殺について議員自身の考えをうかがった。

私　今後、石垣市の自殺についてどのように考えていきますか？

長山　繰り返しになりますが、石垣市としては今後も自殺予防の取り組みを継続し、さらに強化していく必要があります。とくに、若者や働き盛りの世代への支援が重要です。自殺は地域全体の課題であり、孤立を防ぐための環境づくりが不可欠です。誰もが「自分のことを考えてくれている人がいる」と感じられるよう、地域全体で自殺に対する理解を深め、思いやりのあふれる街づくりが必要だと感じています。

約一時間にわたって長山市議にインタビューをさせていただいた。ゲートキーパーの養成を行うことで島全体の意識を高めるという点、またつながりをつくることで孤立化を防ぐという点、ともに重要なことである。とはいえ、言葉で言うほど簡単なことではないという現実がある。

今回、二回（掲載許可が下りなかった市役所を入れたら三回になるが）にわたって、保健所、ユニオン副代表、医療従事者、石垣市民、居酒屋のオーナー、石垣市議へインタビューをさせていただいた。石垣島というフィールドで、行政、医療、労働、住民、それぞれの声を聞くことで、自殺の問題は多岐の分野にわたっており、自殺を防ぐためにはそれぞれの視点からの対策が必要であると改めて感じた。「自殺」というのは一つの結果であるが、精神的な問題や労働、生活苦、生きづらさなどさまざまな理由があるため、その対策を、予算や人材もいないなかでそれぞれが取り組むというのは不可能に近い。

ただ、今回話を聞くなかでは、近親者に自殺した方が多かったので、きっと「自殺」は他人事ではないと感じている人が多いと思われる。それゆえ、自殺者を減らすための知恵もあるのではないだろうか。

今後、必要とされるのは、住民の意見をベースとした自殺対策である。石垣市自殺対策計画では住民へのアンケートをとっているので、そこから意見をすくいあげることはできるが、円卓会議（円になって自分の意見を言い合う会議）などを通じて、顔と顔を突きあわせながら住民からの意見を対策に反映するといったことが必要かもしれない。

終　章　「シマ」の自殺を再考する

1　観光と自殺

産業としての観光

第1章で述べたように、離島振興法において「観光振興」が産業振興の支援メニューとして位置づけられたこともあり、多くの離島では観光が推進されている。これまで、離島の産業や社会資源と組み合わせた観光、たとえば、海や山などの資源や関連するアクティビティなどとの組み合わせ、ブルーツーリズム（離島地域や漁村に滞在し、生活体験や漁業体験などで地域との交流を深めながら、心と体をリフレッシュさせる旅行）やアドベンチャーツーリズム（アクティビティ・自然・文化体験の三要素の二つ以上で構成される旅行）、サステイナブルツーリズム（地域の観光事業を活性化しながら、地域の自然環境と住民の生活を守ることを目的とした旅行）など、さまざまな旅行が展開されている。

また、大手旅行会社が離島への旅行プランを企画したことで、観光目的の旅行者が訪れるようになったこともあり、多くの離島では「観光」が島の主要産業として位置づけられるようになった。実際、離島に行ってみると、「観光」で成り立っている島が多く見られ、農業や水産業などの一次産業から観光業へ移行しているようにも思われる。

観光が悪いわけではないが、永続性が低いという問題がある。「観光地の発展周期に関する考察——観光資源管理のための一視点」という論文を読むと、「観光地の発展モデルにおいて成熟段階から停滞段階へ移行後は衰退段階へ移行する可能性を示されている」[1]と述べられており、常に先手を打って魅力的な取り組みを展開していかないと停滞してしまう可能性が高い。

先手を打つ、東京や大阪をはじめとした大都市なら可能かもしれないが、離島という小規模な土地においてそれは可能なのだろうか。どう考えても無理なような気がする。実際、観光的な魅力を失ってしまった島で、「別の事業でもするか」と考える人はいないだろう。

二〇二〇年から大流行した新型コロナウイルス（COVID-19）を思い出してほしい。医療機関などが脆弱な離島では、いち早く観光客の受け入れをストップしていた。本書で紹介した離島も、言うまでもなく観光客は激減していた。その結果、お金の流れが止まり、生活困窮に陥り、第2章の図で示したように、二〇二〇年以降の自殺者が増加したと思われる。実際、私が宮古島市役所の福祉担当課を訪れた際には、仕事を失った住民の相談対応で職員が忙しそうにしていた。この相談対応で全員が救われるのなら問題はないが……。

このように、離島の主産業を観光として進める際には危険がともなうことになる。では、どうすればいいのだろうか。より安定性の高い業種、たとえば一次産業などがいいと思われるわけだが、ただ一次産業をするのではなく、特産ブランド化するなど、付加価値をつけて高く販売するといった取り組みはどうだろうか。島根県海士町では、公共事業依存から脱却し、島の特産を売って外貨を稼ぐことに成功したことで、移住者が増加しているという。観光や移住ありきではなく、島から何かをつくりだし、そこに移住者や観光客が訪れるという方向性のほうが安定度は高いと思われる。

島における自殺予防対策の難しさ

前項のことをふまえたうえで、現在推進されている観光面から自殺対策について考えてみたい。

観光資源として島を盛りあげるためには観光スポット、いわゆる「映えスポット」が必要になる。近年はスマートフォンなどの普及によって誰もが手軽に写真が撮れるようになったため、各

(1) Butler R.W／毛利公孝・石井昭夫訳（二〇〇二）、立教大学観光学部紀要4、二〇〇二年、九八〜一〇三ページ参照。

観光地域では「映えスポット」づくりにやっきになっている。

たとえば、拙著『自殺者を減らす！――ゲートキーパーとしての生き方』（新評論、二〇二四年）で取り上げた三段壁（和歌山県）では、イメージチェンジを図って「恋人岬」として宣伝するために、行政から「自殺予防の看板を移動するように」という依頼があり、実際移動している。また、私が数年にわたって訪れている離島では、ある橋からの飛び降り自殺が多く、市議会での質問事項にまで挙がっていた。というのも、かつてはその橋に自殺防護ネットが取り付けられていたのだが、近年訪問した際には、そのネットがすべて取っ払われていたのだ。たぶん、景観が理由であろう。

私自身、観光と自殺予防対策については苦い経験がある。市役所に在職していたとき、九月の自殺予防週間に合わせて市役所庁舎でパネル展を企画したところ、観光部局の職員から、「うちも観光のパネル展をする予定なので、そちらのパネル展は取りやめにしてほしい」という打診があった。

「半分の場所を借りているので、別に支障はないでしょう」と私が返すと、

「観光のパネル展をしている横で、自殺予防のパネル展は合わない」とのことであった。

このときは、上司同士での話し合いの結果、自殺予防のパネル展は取りやめとなっている。つまり、「観光」が「自殺」より優先されたわけである。しかし、拙著『自殺者を減らす！――ゲ

ートキーパーとしての生き方』で示したように、自殺ハイリスク地となっている「青木ヶ原樹海」（山梨県）、「東尋坊」（福井県）、「三段壁」（和歌山県）はすべて観光地なのだ。「観光」と「自殺」という相反する言葉ではあるが、実は関連が深いという点について理解しておく必要がある。

生活者と観光客

自治体や観光産業に携わっている人なら、観光客がたくさん来島するという状況はうれしい話となるが、その一方で悲鳴を上げている人たちもいる。言うまでもなく、その地域で生活している人たちである。

景観が美しい離島では、観光客がその景観を撮影することが多いわけが、そこで生活する人たちは四六時中観光客の目に晒されることになる。ある離島では、「家の中は写さないように」といった注意喚起をしているほか、「家の敷地には入らないでください」という張り紙なども見られた。ということは、無断で敷地にまで入ってくる人がいるということだ。

離島に住む先輩から聞いた話を紹介しよう。

先輩の実家は、肥料にするためにヒマワリを栽培しているようで、農作業をしているときに観光客から、「ヒマワリ畑をバックに写真を撮ってください」と声をかけられたようである。「それが何度も続き、仕事にならない」と言っていた。観光客にとっては、「せっかく来たから」というのが理由であろうが、仕事の手を何度も止めて対応する島民からすれば迷惑な話である。トラブルはほかにもある。とくに宮古島などの観光客が多く訪れる観光地になると、スーパーも観光客だらけとなり（しかも、水着のまま）、昼食をとる店がどこも行列という状態になると平常の生活が送れず、ストレスを感じてしまう場合が多い。もちろん、直接自殺にかかわるというわけではないが、メンタルヘルスにいい影響を与えないことだけはまちがいない。

また、観光地になると、リゾートバイトや移住されてきた人など、さまざまな人が島で生活を営むことになる。移住する人は、島のよい面だけを見て、「島の人はいい人ばかり」という希望に胸を膨らませて来ていると思うが、文化や考え方の違い、コミュニティでの受け入れが難しい場合もあるため、生活者同士の「不和」という問題が生じる可能性がある。そして、これがメンタルヘルスに影響してくる。

2　離島市町村における自殺予防

自殺の情報を的確に把握する

離島における自殺者を減少させるためには、彼らの情報を的確に把握する必要がある。今回のインタビューで見えてきたのは、情報と関係機関の壁である。多くの離島では、厚生労働省で公表されている自殺における地域の基礎資料をもとに集計しているが、警察と情報の突きあわせをしていないため、その情報の詳細が把握されていない。また、市町村から保健所へ提出される死亡個票の閲覧がかぎられた人だけとなっているため、警察のデータと死亡個票のデータが同一とは言い難い状態となっていた（警察庁統計と死亡個票［人口動態統計］の違いは第2章を参照）。実際、今回インタビューをさせていただいた多くの保健所職員は閲覧できる立場にはなかった。

両データの性質上、①島内住民の島内における自殺だけではなく、②住民の島外での自殺、③島外からの自殺者が明らかになるため、各関係機関が連携し、情報を的確に把握することが具体的な自殺予防対策を立てるうえにおいて重要となってくる。

民間団体へのゲートキーパー養成と連携した支援体制の構築

今回のインタビューによって感じたのは、保健所や市町村職員の業務の多さである。自殺対策の専従であればもう少し分析もできるし、さまざまな取り組みが可能になるだろうが、兼務状態にある職員で実施するには無理がある。そして、もう一つ感じたのは、民間団体や民生委員などの支援という視点である。行政というくくりのなかでは、どうしても縦割りになってしまうし、関係機関との連携が中心になってしまう。

言うまでもなく、自殺対策は住民目線になって取り組む必要がある。公的機関に相談に行くというのは、住民からすればハードルが高いうえに、営業時間が平日の時間であるため、仕事などのことを考えると相談に行くのはひと握りであると思われるし、そもそも目に留まるのかという問題がある。メンタルヘルスに悩む人たちや自殺を考えている人たちがどのような場所であれば相談するのか（弱音を吐くのか）、地域レベルで考えていく必要がある。

私も考えていたことだが、インタビューではスナックや居酒屋という場所が挙がってきた。しかし、八丈島で聞いた理容室や美容院というところは私にとっても盲点であった。さらに、地域の情報をどのように把握するのかについては、民生委員の活動が重要であると感じられたし、外出が少ない層（引きこもりや高齢者）への把握も大事であると再確認することができた。

とはいえ、最終的に求められるのは、ゲートキーパーの養成である。ゲートキーパーの研修を受けて、「いい研修だったね」で終わらせるのではなく、「ゲートキーパーとして一日を生きる」（東京高輪・正山寺前田住職の言葉）という自覚をもった取り組みにさせる必要がある。

地域レベルでこのような取り組みができるようになれば、重篤に陥る前に予防することが可能になると思われる。行政機関は、情報共有をしていきながら民間団体や民生委員などへの支援を行い、難しい場合には引き受けるといった連携を図ることで的確な支援が可能になると思われる。要するに、役割分担をしながら細やかな支援を行うということである。

地域とのつながりを変えるのは難しい

離島における最大の問題は、地域とのつながりであると思われる。情報や噂の流れるスピードが早いし、島という物理的にかぎられたコミュニティであるために逃げ場がない。地域との関係やそれぞれの人の状態がいいときは問題ないが、それらが悪くなれば、想像以上のストレスがかかることになるだろう。

これまで自殺希少地域の研究に関する本や論文を読み、離島を訪問しながらどのようにして自殺希少地域にしていけばいいのかと考えてきたが、離島における文化や考え方、そしてつながりを、「一回リセットして考え方を変えましょう」というわけにはいかないと悟った。そのためには、自殺予防相談のハードルを下げるしかないと思われる。

いかにしてハードルを下げるのかという点については、確かに結論が出しづらい。仮に講演会を開いても、周りの目を気にして来ないとか、関心のある人しか来ないため、なかなか周知させることはできないだろう。となると、組織ぐるみでゲートキーパーの養成を早急に行い、住民のメンタルヘルスに対処するしかないと思われる。

自殺というものは、誰にでも起こりうる「社会的な問題」である。ゲートキーパーの養成を職場や地域において行うことが、結果的には自殺予防に関する理解を深め、ハードルを下げることにつながるはずである。

「島立ち者」に対する支援

多くの離島出身者が体験する人生のイベントとして「島立ち」（第1章参照）がある。島立ちについては私も経験しているし、今回のインタビュー調査でも挙がってきたことである。

一五歳、もしく一八歳での進学、就労というライフイベントで島を離れ、都会などに住むことになるわけだが、これまで面倒を見てくれた家族や近所の人がこの瞬間にいなくなる。言うまでもなく、困っていても誰かが話しかけてくれることもないという孤独な環境に置かれ、帰りたくても物理的にすぐには帰れない状況となる。

私も高校卒業後に福岡県に住んでいたが、当初は電車の乗り方も分からなかったし、島や方言を馬鹿にされるといったことがしばしばあった。幸い、兄が近くに住んでいたし、寮生活であったので食事だけは心配することなく日常生活は送れたが、独り暮らしであれば最初の段階で躓く可能性が十分にあった。

私の体験や調査によると、離島を出て都会で生活するなかで躓き、精神障がいを発症し、島に戻るという人たちが多い（波名城［二〇一七］参照）。本書では紹介していないが、ある離島でインタビューした折、都会に出て躓いて自殺をし、そのことを聞いた友人もショックを受けて自殺したという話を聞いている。

島立ちをするため、住んでいた離島で自殺をする人はほとんどいないだろう。実際には、メンタルヘルスを病んだことで、移動した地で自殺に至る人がいると考えられる。それだけに、「島立ち者」への支援が重要であり、それによってメンタルヘルス面へのサポートや自殺予防につながると思っている。その内容も、SOSを出す練習というよりは、「島を出て生活するために」というテーマで「島立ち準備講座」(調理やゴミ出しなど)を開き、人とのかかわり方などを説明していく必要があると思われる。

考えてみれば、このような講座を必要としているのは、離島から出ていく人だけではないだろう。とくに、地方から都会に出ていく人には必要であると思われる。人生におけるさまざまな転換点において、学校や地域社会がサポートする仕組みをぜひ整えてほしい。

自死遺族への支援のあり方——離島の垣根を越えた自死遺族会

自殺者の遺族や友人への影響は大きい。拙著『自殺を減らす!——ゲートキーパーとしての生き方』(第5章、第6章参照)において、キリスト教の牧師と仏教寺院の僧侶にインタビューを行ったときに驚いたのは、多くの遺族が宗教家に相談に行っているという事実である。苦しみ抜いた末、亡くなったことが本人にとってよかったことなのか、本人にしか分からないことなのかと、遺族は悩み続けているのだ。聞くに聞けないことを自問自答している心理状態、その場に立った人でないと分からないだろう。もちろん、遺族だけでなく、友人も同じである。

本書では、多くの市町村において遺族支援ができていない現状が見えてきた。かぎられたコミュニティにおける、身近すぎる環境や市町村職員のマンパワー不足がその理由として考えられる。現在、各都道府県においては精神保健福祉センターなどで自死遺族に対する支援を行っているが、本土まで通う大変さや、離島ならではの「抱える悩み」という面から考えると、適切な支援とは言い難い。

多くの離島を訪問し、調査した結果として言えるのは、自死遺族に対する支援が現状ではうまく機能していない可能性が高いということである。そこで、離島の垣根を越えた自死遺族会の必要性を訴えたい。なぜなら、自殺企図者には共通している点が多いと感じたからである。

離島では、補助金を活用してのブロードバンド整備が進んでいるため、インターネットを利用すれば離島同士をつなげることができる。つながりさえすれば、同じ悩みを分かちあうことができると思われるし、その範囲は日本全国の離島となる。一人でも多く、同じ立場となった人たちがつながることで、遺族や友人たちも少しは安堵できるのではないだろうか。現在を生きる人たちを守るためにも、行政主導でぜひ考えていただきたい仕組みである。

島外からの自殺志願者への支援

島外からの自殺志願者に対してだが、本書に記した離島市町村ではどこも対策を取っていなかった。その理由は、「防げない」という以上に「市町村の自殺数」として考えられていないからである。

私も、市役所に勤務しているときにはその考えが強かったが、実際に調査を行った自殺ハイリスク地では、全国から訪れる自殺志願者に対して声をかけ、命を救っていた。その現状を見たことで、出身地に関係なく救うことの大切さに気づかされた。

自殺志願者への支援としては、自殺ハイリスク地のようにパトロール隊を配置することは予算的に不可能と思われるので、まずは、自殺が起きると考えられる場所（橋や山）などには防止策（自殺防止ネットやパトロールしているなどの看板）を設置するべきである。これは、島外からの自殺志願者だけではなく、島内の自殺防止にもつながる。

そして、ゲートキーパーの養成講座の際に、「自殺志願者と思われる旅行者などへの声かけの方法」といった項目を設けるのがいいだろう。実際、青木ヶ原樹海のある山梨県では、ホームページにおいて、「こんな人に出会ったときどうする？　自殺に傾く人への対応手引き」（いのちをつなぐ青木ヶ原ネットワーク会議）が公表されているので、参考にするといいだろう。

本章では、「観光」と「自殺」の関連性について述べてきた。観光面では、地域活性化や交流人口の増加などが見込まれる一方で、産業としては不安定であることや、観光客が来ることで島民に影響を与える可能性があるので、単純に喜んでばかりはいられないという面がうかがえる。

一方、自殺については、その現状を的確に把握し、分析することが重要であるとした。自殺予防としては、島内の自殺志願者だけでなく、島立ち者へのレクチャー、島外からの自殺志願者への支援が、各自治体とともに必要であると考える。

行政職員の業務が多いという現状をふまえると、公的機関から民間団体、住民までが一体となって自殺予防に取り組めば、必ず「自殺者ゼロ」となる日が来ると思うので、「垣根を越えて」取り組んでいただきたい。

あとがき

拙著『自殺者を減らす！――ゲートキーパーとしての生き方』が二〇二四年一月に出版された。多くの友人や関係者が購入され、読んでもらったが、その反応として一番驚いたのは、知り合いの方々の身内や友人が「自殺で亡くなっていた」と話されたことである。知り合ってから何年も経つが、その話を聞いたのは初めてである。本を読んでいただいたことで、そして私に話したことで「少し気持ちが和らいだ」ということであれば、本を出版した意義が感じられるのでうれしく思う。

本書は、日本学術振興会科学研究費助成事業・若手研究に採択された「自殺率の高い離島の市における自殺の現状分析と自殺防止に関する研究」として、二〇二三年四月から離島の保健所および市町村にインタビュー調査の依頼を開始し、二〇二四年の六月までに調査を行った一〇以上の離島市町村の保健所や市町村職員や市議会議員、住民などに対して行ったインタビューなどをベースにして、研究成果として公表するものである。

本書では、そのなかから五つの離島の取り組みを紹介させていただいたが、どこの離島も観光地である一方で毎年自殺者が存在しており、保健所や役場の担当者が自殺予防に向けて熱心に取り組んでいたことが印象的であった。「どのようにしたら、この島の自殺者を減らせると思いますか？」という質問を私が受けたこともあって、私自身、「離島で一人でも自殺者を減らすために何が必要か」という理想的な話ではなく、現実的な答えを模索する機会ともなった。

ただ、残念なのは保健所および市町村役場からインタビュー内容や取り組みが掲載不可になったことである。理由としては「出版されることは聞いていない」、つまり自分たちの取り組みを公表されたくないということであった。

確かに、本書は当初から出版を目的としていたわけではなく、インタビューした成果として各離島の取り組みを公表するというなかで出版に至ったという経緯があり、事前に伝えることができなかった点に関しては申し訳なく思っている。

そもそも、離島の自殺対策のインタビューにおいてはいくつかの壁があった。一つ目は、インタビュー調査自体の協力不可である。内容としては、「多忙である」、「周知しかしていない」という理由である。

二つ目の壁は、インタビュー調査内容の公表である。熱心に取り組んでいるにもかかわらず、

「公表されるのは困る」ということである。これが民間団体の事業であったり、私が趣味で調べているということであれば納得できる。ただ、公務として税金を使って行っている事業であるし、私自身も公的研究費として採択され、調査に取り組んでいるわけである。その意味では、事業の透明性を図る必要性もあるし、私自身も成果を公表する義務がある。

また、本書は、あら探しをするというよりも取り組みを紹介するといった観点のものである。そのことに、何か不都合があるのだろうか。たとえば、本書が「観光」だけの紹介であったら、きっと「公表してほしい」と言うであろう。ひょっとすると、「自殺」という陰の部分には蓋をするという現状を示せたことが、本書の成果なのかもしれない。

そのような意味では、本書の掲載において協力をいただいた保健所および役場、民間団体、島民のみなさまには心から感謝を申し上げたい。

もしかしたら、本書を読んでくださった人のなかには、「出身地の宮古島は紹介しないのか」と思われた人もいるだろう。最後の最後まで悩んだが、実際に取り組んできたこともあり、主観的になってしまうと思って今回は省くことにしたが、宮古島も熱心に取り組んでいるため、別の機会に紹介できたらと思っている。

年間に約二万人が自殺されている。単純に計算しても、一〇年で二〇万人、三〇年で六〇万人の方が自殺をしているのである。その家族や身内、友人などが五人いるとすれば、三〇年間で、約三〇〇万人が自殺者の関係者となってしまう。言うまでもなく、「自殺」が周りに与える影響は大きい。

本書の原稿を書いているときに、出版元である新評論の武市一幸さんから尋ねられたのは、「行方不明者」のことである。警察庁が公表している「令和四年における行方不明者の状況」(https://www.npa.go.jp/safetylife/seianki/fumei/R04yukuefumeisha.pdf 二〇二四年四月二三日アクセス)によると、二〇二二年の行方不明者は八万四九一〇人(前年より五六九二人も増加)となっていた。その多くは所在確認ができたようだが、四二五七件がいまだ不明のままである。その方々は、どうなっているのであろうか。もし、自殺をされて見つかっていない場合は、発表されている統計数値よりも多くなるし、そもそも警察署に行方不明者届が出されていなかった場合は反映されないので、さらに多くなってしまう。

行政機関をはじめとして、自殺対策にかかわっている人たちだけでなく、社会を構成している一般の人も、このことを頭に入れておく必要がある。周りを注意深く見て、「気づく」ための努力を多くの人がすれば、まちがいなく多くの命が救われるはずである。「無関心」が一番の敵であると思っていただきたい。

最後に、本書の作成においてインタビューに協力していただきましたみなさま、多忙にもかかわらずいつも私の相談にのっていただき、背中を押してくれる新評論の武市一幸さんに心よりお礼申し上げたい。

みなさま、本当にありがとうございました。

二〇二四年一一月

波名城　翔

付記　本書の内容は、ＪＳＰＳ科研費「JP19k14003」の助成を受けて実施したものである。

参考文献一覧

書籍、論文など

・雨宮処凛（二〇〇二）『自殺のコスト』太田出版
・井原一成・張賢徳・山内貴史他（二〇一九）「人口動態と警察統計における自殺者数の差を実証的に検証する　―川崎市における検討―」『自殺予防と危機介入』第39巻第1号
・岡檀（二〇一三）『生き心地の良い町　この自殺率の低さには理由がある』講談社
・末木新（二〇二〇）『自殺学入門　―幸せな生と死とは何か―』金剛出版
・寿々木剛志・八代利香・田畑千穂子（二〇一七）「離島・へき地における医療・福祉職者の防災に関する認識」『日本職業・災害医学会会誌』65（2）68－74
・波名城翔・古藤由梨佳（二〇一七）「精神障害者の地域生活を支えるための多機関連携ネットワークのあり方に関する研究　―病床数の少ない離島の取り組みから―」『勇美記念財団報告書』
・波名城翔・森田康雅・南風原礼（二〇一七）「宮古島における精神障害者の就労ニーズに関する研究―当事者のインタビュー調査から」『島嶼研究』18（2）185－198
・波名城翔・下地由美子（二〇一八）「宮古島市における自殺対策　―うつ病者等を対象とした認知行動療法の取り組み―」『島嶼研究』19（1）57－65
・波名城翔（二〇一九）「大規模離島における精神障害者支援に関する研究・沖縄県先島諸島、長崎県壱岐・対馬の調査から」『笹川科学研究 報告書』

・波名城翔（二〇一九）「離島における精神障害者支援の現状と課題　―精神科医療機関への調査から―」『長崎ウエスレヤン大学現代社会学部紀要』17（1）61‐70
・波名城翔（二〇二〇）「離島における自殺の現状」『長崎ウエスレヤン大学地域総合研究所研究紀要』19（1）17‐24
・波名城翔（二〇二二）「離島自治体における自治体外自殺者の特徴」『島嶼地域科学』（3）95‐107
・波名城翔（二〇二二）「離島市町村における自殺死亡の現状と社会生活指標との関連」『厚生の指標』69（12）23‐30　2022年10月
・波名城翔（二〇二三）「離島市町村における自殺対策の取り組みの現状と課題　―アンケート調査から―」九州社会福祉学（19）51‐65
・波名城翔（二〇二四）『自殺者を減らす！　―ゲートキーパーとしての生き方―』新評論
・藤井裕也（二〇二二）「地域おこし協力隊制度を活かした人材の確保・育成を」『しま』日本離島センター広報課編67（3）日本離島センター、四〇～四七ページ
・本橋豊・木津喜雅・吉野さやか「特集・自殺の現状と予防対策　―COVID-19の影響も含めてWHOの自殺予防戦略―」『精神医学』1032‐1035
・南博・吉岡慎一（二〇一〇）「離島市町村の『平成の大合併』を巡る動向分析」『島嶼研究』（10）13‐28
・森川すいめい（二〇一六）『その島のひとたちは、ひとの話をきかない　―精神科医、「自殺希少地域」を行く―』青土社

白書、公的機関、関係機関のホームページなど

・沖縄県伊江村ホームページ（https://www.iejima.org/）
・警察庁生活安全局人身安全・少年課「令和４年における行方不明者の状況」
　（https://www.npa.go.jp/safetylife/seianki/fumei/R04yukuefumeisha.pdf）
・国土交通省「離島の現状について」（www.mlit.go.jp/common/000190753.pdf）
・五島やけんよか（https://www.city.goto.nagasaki.jp/iju/index.html）
・厚生労働省（二〇二四）「令和５年版自殺対策白書」日経印刷
・厚生労働省「地域における自殺の基礎資料」
　（https://www.mhlw.go.jp/stf/seisakunitsuite/bunya/0000140901.html）
・シマ育コミュニティホームページ（https://shimaiku.ritokei.com/）
・内閣府 国境離島ＷＥＢページ（https://www8.cao.go.jp/ocean/kokkyouritou/yakuwari/yakuwari.html）
・内閣府 有人国境離島関係予算（案）のポイント
　（https://www8.cao.go.jp/ocean/kokkyouritou/hourei/r6_hourei/pdf/r6_yosanan.pdf）

【著者紹介】

波名城　翔（はなしろ・しょう）

1983年、沖縄県宮古島出身。

西南学院大学大学院修士課程修了。精神保健福祉士／社会福祉士。

障害福祉サービス事業所、県立病院、市役所職員（高齢、障害、生活困窮）を経て大学教員へ。2020年より、琉球大学人文社会学部人間社会学科専任講師。

専門は、島嶼における精神障害者支援、島嶼の自殺対策。著書として、『自殺者を減らす！――ゲートキーパーとしての生き方』（新評論、2024年）がある。

2023年10月より、沖縄県公立学校教職員メンタルヘルス対策検討会議委員。

2023年11月より、沖縄県自殺対策連絡協議会委員。

《自殺対策に関する主な論文》
・「離島自治体における自治体外自殺者の特徴」島嶼地域科学3、pp.95-107. 2022年6月
・「離島市町村における自殺死亡の現状と社会生活指標との関連」厚生の指標 69(12) pp.23-30. 2022年10月
・「離島市町村における自殺対策の取り組みの現状と課題――アンケート調査から」九州社会福祉学 (19) pp.51-65. 2023年3月

離島の光と影　―「シマ」の観光と自殺をめぐる―　（検印廃止）

2025年1月15日　初版第1刷発行

著　者　波名城翔
発行者　武市一幸

発行所　株式会社 新評論
〒169-0051　東京都新宿区西早稲田3-16-28
http://www.shinhyoron.co.jp
TEL　03（3202）7391
FAX　03（3202）5832
振替　00160-1-113487

定価はカバーに表示してあります
落丁・乱丁本はお取り替えします

DTP　片岡力
印刷　フォレスト
製本　中永製本所
装丁　山田英春

ISBN978-4-7948-1281-0
Printed in Japan